古典文獻研究輯刊

三五編

潘美月・杜潔祥 主編

第37冊

散見宋金元墓誌地券輯錄四編

周　峰　著

國家圖書館出版品預行編目資料

散見宋金元墓誌地券輯錄四編／周峰 著 -- 初版 -- 新北市：
花木蘭文化事業有限公司，2022〔民111〕
目 8+188 面；19×26 公分
（古典文獻研究輯刊 三五編；第 37 冊）
ISBN 978-626-344-139-2（精裝）
1.CST：喪葬習俗 2.CST：中國
011.08 111010340

ISBN-978-626-344-139-2

9 786263 441392

古典文獻研究輯刊
三五編 第三七冊 ISBN：978-626-344-139-2

散見宋金元墓誌地券輯錄四編

作　　者 周峰
主　　編 潘美月、杜潔祥
總 編 輯 杜潔祥
副總編輯 楊嘉樂
編輯主任 許郁翎
編　　輯 張雅淋、潘玟靜、劉子瑄　美術編輯　陳逸婷
出　　版 花木蘭文化事業有限公司
發 行 人 高小娟
聯絡地址 235 新北市中和區中安街七二號十三樓
　　　　 電話：02-2923-1455 ／傳真：02-2923-1452
網　　址 http://www.huamulan.tw 信箱 service@huamulans.com
印　　刷 普羅文化出版廣告事業
初　　版 2022 年 9 月
定　　價 三五編 39 冊（精裝）新台幣 98,000 元

散見宋金元墓誌地券輯錄四編

周峰 著

作者簡介

周峰，男，漢族，1972 年生，河北省安新縣人。中國社會科學院民族學與人類學研究所研究員，歷史學博士，博士生導師。主要從事遼金史、西夏學的研究。出版《完顏亮評傳》《21 世紀遼金史論著目錄（2001 ～ 2010 年）》《西夏文〈亥年新法・第三〉譯釋與研究》《奚族史略》《遼金史論稿》《五代遼宋西夏金邊政史》《貞珉千秋——散佚遼宋金元墓誌輯 》等著作 17 部（含合著），發表論文 90 餘篇。

提　　要

　　本書為《散見宋金元墓誌地券輯錄》的第四編，共收錄宋金元三代的墓誌、地券 109 種，其中宋代 83 種，金代 2 種，元代 24 種。每種墓誌地券內容包括兩部分：拓本或照片、錄文。拓本及照片絕大部分來源於網路，大部分沒有公開發表過。墓主大部分為不見經傳的普通百姓，為我們瞭解宋金元時期民眾的生活提供了第一手的寶貴資料。

目

次

凡　例

一、本書所收宋金元三代的墓誌、地券的拓本及照片絕大部分來源於網路，
　　大部分沒有公開發表過。

二、本書內容包括墓誌地券拓本或照片、墓誌地券錄文。

三、所收墓誌地券皆另行命名，以避免原題繁瑣缺名的情況。墓誌地券原題
　　皆在錄文中出現。

四、錄文采用通行繁體字，對於字庫中有的繁體字異體字徑直採用，字庫中
　　沒有的繁體字異體字則不再另行造字，徑用通行繁體字。墓誌中現在通
　　行的簡體字徑用原字。個別俗字一律改為正體。筆劃上略有增減的別字
　　一律改為正體。

五、原字不全，但能辨明者，在該字外加框。殘缺不識者，用缺字符號□代
　　替。錄文每行後用分行符號／表示換行，文尾不再用分行符號。

六、墓誌地券原來的行文格式不再保留，徑用現行文章體例。

七、墓誌地券排列順序以墓主卒葬日或刻石日前後為序。

散見宋金元墓誌地券輯錄四編

一、宋李府君墓誌　　乾德元年（963）閏十二月十九日

大宋故李府君墓誌銘并序 /

若夫保萬物而生成者，天地之常道也；隨四時而遷易者，古今 / 同事也。晦跡潛形之士，與世推移；善始令終之流，為人景慕。 / 皇考諱章，皇妣夫人仇氏。行惟迪惠，信必由衷。縱心而矩且不違，盤遊而 / 度還有則。府君即其長子也。勞謙修己，讓美稱人。孔融席古之年， / 早聞異操；蘭成射策歲，顯□能為。而又縱撿神方，療膏肓而莫搆。 / 不虞全體，俄掩漏泉。享年六十三，建隆四年正月廿四日疾歿扵私室。 / 夫人郭氏。痛違偕老，苦歎未亡。念往昔之如賓，勵即今之半朽。享 / 年五十九，建隆二年十一月七日疾終，其年月日殯郭東，祖塋也。即以 / 乹德元年閏十二月十九日殯府君之靈，祔葬扵塋甲地也。其塋□ / 限壘爐，却顧重城，是先益玄白之神，得隱伏盤廻之勢。再觀宅 / 地，必覩胤昌。嗣子福瓊□□福進。修身慎行，恒敦負荷之情；立 / 愛惟親，厚報劬勞之德。女一人，適扵崔氏。長娶續氏，季娶程氏。珮鍼柔順，特豚尤著扵矩儀；佐□虔勤，雙鯉諒諧扵昭感。 / 孫男馬四、王九、十兒。孫女程八。侁侁茂盛，有後居多；穆穆輝華，其門必大。 / 府君用和為貴，務實去奢。好上古之遺風，究隨時之大節。今則□ / 陳懿範，刊□貞珉。住從扵陵谷遷移，永耀扵重城之側。銘曰： /

乹元至健，坤柔厚德。合散屈伸，晦明消息。 / 道本無涯，神非有極。唯智與仁，鉤深探賾。 / 鳥激青宵，駒馳白日。深谷遷移，高陵革易。 / 令德難沉，徽風莫測。刊勒貞珉，昭乎萬億。

二、宋白氏墓誌　乾德六年（968）二月十九日

　　大宋故護國軍節度使贈中書令弘農楊公許國夫人南陽白氏墓誌銘并序／
朝散郎、前虢州湖城縣令玉億撰。／

　　夫人白氏，其先南陽人也。譜傳出扵昌黎，即其姓焉。曾祖諱辯，累贈
／太傅。曾祖母劉氏，累贈許國太夫人。祖諱君成，唐遼州刺史，累贈太師。
／祖母武氏，累贈燕國太夫人。列考諱文珂，皇任西京留守，贈中書令。皇／
妣曾國夫人張氏。夫人即中書令之第九女也。護國軍節度使、／中書令弘農
楊公之室家也。／夫人溫惠成性，徽柔作則。以孝侍父母，以順從夫，以慈
教子。三從之／義著，四德之名彰。至扵奉蒸嘗，睦娣姒，撫親族，恤家人，
十有七年，／禮無違者。中令自始及卒，待之如賓。肥家之道，不亦宜／
乎！出嫁，封韓國夫人；／中令改鎮之年，封許國夫人。從夫貴也。嗚呼！天不憖
遺，降年非永。／乹德五年孟夏十有四日，疾暴作而薨扵西都里之私弟，享
年三十三。一女，適節度使武公之男再成，既嫁而逝。子審／玉，東頭供奉
官。克紹先訓，列位／庭臣，屯師西陲，集事歸闕。宅兆既卜，假告允諧。以
／夫人薨之明年仲春十有九日，葬扵河南府新安縣穀川鄉磁澗里。／中令前
室清河縣君張氏，節度使之女，不幸早亡，是／日同祔大塋，禮也。億非文學
之贍，叨葭莩之親，撼實其詞，乃為銘／曰：

　　恭惟夫人，女孝有儀，婦順母慈。三者俱美，百行可知。降年／不永，
天祿有期。窀穸扵何，洛陽之西。壇里扵何，邙山之谿。陰風蕭蕭，／蔓草
淒淒。青松夜密，哀禽曉啼。親族悲涼，泉臺夢長。玉顏暗謝，同／穴且康。
魂随□逝，骨閟玄堂。千齡万祀，不泯餘芳。

大宋故護國軍節度使贈中書令弘農楊公許國夫人南陽白氏墓誌銘并序

朝散郎前虢州湖城縣令王偁撰

夫人白氏其先南陽人也譜傳出於昌黎氏曾祖諱蕚累贈
太傅曾祖母劉氏累贈許國太夫人祖諱成唐遂州刺史累贈太師
祖母武氏累贈燕國太夫人列考諱文珂皇任西京留守贈中書令皇
妣曾國夫人張氏　夫人即中令之第九女也護國軍節度使
中書令弘農楊公之室家也　夫人從大貴也嗚呼天不慭遺降年非永
夫人温惠成性徽柔作則以孝侍父母以順從夫以慈教子三從之
義著四德之名尊至於奉養晬婦如撫親放恤家人十有七年
禮無違者　中令自始及平待之姻實肥家之道不亦宜
乎出嫁封韓國夫人
子　尋改封許國夫人　里之私第
乾德五年孟夏十有四日疾暴作而薨於西都
享年三十三　節度使武公之男某既嫁而逝嗣子審
王東頭供奉官克紹先訓列位　闈屯桓既卜假告兄誄人
庭臣毛師奉軺重婦　之女不幸早亡是
夫人薨之明年仲春十有九日葬於河南府新安縣穎川鄉碬間里
中令前室清河縣君張氏　間用人臺德非文學之瑂乃歎萼三者具墓百行可知降年
同茔祔　夫人女芳有儀婦順母慈三者具墓百行可知降年
不永天祿有期窆穸於何洛陽之西壇里於山之谿陰風蕭蕭
不承天祿有期窆穸　葬穿青松夜蔓鶯晚啼親族悲涼泉臺愛長王顏暗謝同
凡具　康覘隨泚矣曾開玄堂千齡万祀不泯餘芳

三、宋張氏幢　太平興國九年（984）二月十五日

外孫壻河東柳丕書，鐫字翟彥進并弟彥珣。／

大宋太平興國九年其 歲甲 申二月丁夘十五日丙申，／哀女隴西縣君李氏奉為亡 母 清河郡夫人張氏建立佛頂尊／勝幢子壹所。伏願承茲殊聖，託□净方。法界有情，同增利益。／稽首歸命十方佛，眞如海藏□露門。三賢十聖應眞僧，／願賜威神加念力。稀有惣持□秘教，能發圓明廣大心。／我今隨分略稱揚，廻施法界□含識。

只錄題記，不錄《佛頂尊勝陀羅尼》經文。

四、宋王進墓誌　雍熙二年（985）十月十二日

大宋故王府君墓誌銘并序 /

詳夫兔走鳥飛，時光異變；暑往寒來，倏景難留。歎俗 / 世以非堅，免浮生之不久。況慮人倫，寧免生死者矣。 / 府君上望太源郡，本上黨縣五龍鄉定流村人 / 也。從官到府內居止，高祖，曾祖，祖。 / 府君諱進，為人重義，結友輕金。抱清淡之堅 / 石，習碧海之雄資。一旦之間，魂歸逝水。夫人韓氏見慮 / 高堂，為人遠雅，性稟唇和。知身有限，遂修生前 / 之路。有女二人：長和郎婦；次張郎婦。 / 有外甥男二人：長六兒；七兒。外甥女一人：五兒。 / 子胥張廷羙尋心全孝禮，倏始有終，已竭家 / 財，陳扵葬禮。今扵雍熙二年歲次乙酉十月 / 辛丑朔十二日壬子，迁府君扵府城西南約 / 五里新營，裏也。東偎紫府，西接清漳，南望 / 羊頭，北顧三山。其地四神俱 / 偹，八卦皆全。復恐 / □移改□，谷變靈遷，故□石為銘。

五、宋王德嵩墓誌　端拱元年（988）五月二十八日

大宋蘇州常熟縣故琅琊王府君墓誌并序 /

處士井孝玄述。 /

琅琊王氏之先，姬氏也。以緱山王子之後，因命爲氏。累□□□ / 名人間出，此不備載也。爰自祖上起家於是邑，實謂□□□。 / 豊姿蕃葉，幾徧海嵎；好禮無驕，每喧時論。皇考諱暉，纘□□ / 門，鶱騰亨路。在郡就列，累遷使階。妣陳氏，闺閫有儀，温恭垂 / 範，斷機訓誘，剪髪逢迎。府君諱德嵩，字福源，即皇考之苐 / 五子也。惟孝惟悌，克儉克勤。以禮義奉人，以高閑立志。樂善無 / 怠，從長□先。不務奮身，至于没齒。府君享年四十有四，以太 / 歳戊子四月十六日壬寅，啓手足于介弟，即以其年五月二十 / 八日甲申蓥積善郷嵎山里，祔于先塋，禮也。於虖！舜昭代 / 而弃繁華，未知命而成奄忽，淂無痛哉！府君友于七人，皆以 / 立事承家，如龍若虎。次兄亦當効職，慶紹使衘，門閥継昌，弓裘 / 不墜。府君姊妹四人，咸以婦從茂族，伉儷其宜。府君娶介 / 郡陸氏，蕭穆齊眉，和諧一德，宜家之稱，偕老是期。有男四人：長 / 兄五児，早務進修，頗尚儒素，婚清河張氏；次曰旁哥；次曰 / 㫸児；次曰道児。皆當冲幻，漸至長成。有女一人，曰僧婆，與汝南周氏 / 方以議親，纔聞纳禮。自府君卧疾也，五児食旨忘甘，闻樂靡 / 樂，衣不解帶，藥必先甞。戚戚其容，惶惶失所。莫知裁矣！泊殁也， / 絶漿泣血，扣地號天。陟岵增哀，阅川興感。至于純孝，極于因心。 / 無以□□孝□□因旅寓，獲奉深知。不以斐然，俾爲銘曰： /

風淒□□，□□□夏。之子明時，埋玉長夜。東波不返，西日永謝。一。 / □祖□□，積善之原。霧條疎栢，煙沉遠村。峩峩佳城，鬱鬱玄門。二。 / □墓云谁，琅琊君子。其歳云何，端拱元祀。爰命真書，聊用摽纪。三。

六、宋趙玄祐墓誌　景德三年（1006）十月二十八日

誌蓋篆書二行：大宋故周／王墓誌銘

大宋故光祿大夫、撿挍太保、左衛上將軍、兼御史大夫、上拄國、信國公、食邑一千户、食／實封貳百户、追封周王謚悼獻墓誌銘并序／

朝散大夫、行左司諫、知制誥、判史館事、同知通進銀臺司、兼門下封駁事、柱國、虢略縣開國子、食邑六百户、賜紫金魚袋臣楊億奉勅撰。／

翰林待詔、朝奉郎、守秘書丞同正、賜緋魚袋臣裴瑀奉勅書。／

昔者駟旐之誓，示天下以懷柔；麟趾之詩，明公族之信厚。陶唐之聖，華封陳三者之祝；／太姒之賢，大雅垂百斯之頌。其有分暉，帝胄毓德；皇闈至性，出扵自然。積慶由／乎錫羡。而乃糸駕鶴之侶，同子晉之上賓；標秤象之能，歎蒼舒之早世。惻宸襟扵丹／極，藹休裕扵青編。嗚呼哀哉！見之于周王矣。王諱玄祐，字慶長，／今上之第二子也。以至道元年十一月二十四日生于東宮，昊穹眷懷，承華多慶。石墙／銀牓，表天地長男之祥；甲觀畫堂，處世嫡皇孫之貴。而王稟溫恭之德，挺歧嶷之姿。／亦既免懷，未嘗好弄。雖在稚齒，宛如成人。雅尚文史，尤嗜筆扎。辯壽街之牘，精識造微；／對長安之日，神机絕俗。八歲，制授光祿大夫、撿挍太保、左衛上將軍、兼御史大夫、上／柱國、信國公、食邑一千户、食實封二百户。元子比士，雖禮經之舊章；半楚以封，實太上／之謙德。維城之美，克茂扵本枝；齒胄之儀，未遑扵外傅。俄遘陰陽之沴，遽成膏肓之疹。／日躋厥德，冀三善之弥彰；天奪之年，何九齡之弗祐。以咸平六年四月二十三日薨扵／宮中，年始九歲。嚳生鶴禁，悲纏椒掖；震宮虛位，感極天慈；都人罷市，痛深行路。特／詔廢朝五日，追封周王，有司奏謚曰悼獻。盖夏王鍾愛宗緜，是以賜名；臨淮早亡，世／祖不遑扵進爵。方榮所纪，布扵前聞。哀榮之數，斯為極致。先以其年五月十有三日，權窆／于開封府開封縣汴陽鄉之禪惠僧舍。即以景德三年十月二十八日，俻鹵簿鼓吹，陪／葬于永熙陵，遵吉卜而安壤樹也。自初窆及歸葬，並詔供俻庫副使、入內内／侍副都知張景宗監護焉。惟王玉振金相，竹苞松茂；荷兹百祿，體自九重。而明允篤／誠，英敏聰悟。起居祖習，了無童心。被服造次，必扵儒者。奉兩宮之歡愛，左右咸宜；躬三／朝之候問，夙夜匪懈。及勝衣趨拜，胙土啓封。並建戚藩，立愛以固邦本；外捴宿衛，經武／以重親賢。德望弥宣，徽猷益盛。仁孝愛士，將從四

人之遊；博習親師，式仟三雍之對。無／何，庭蘭方茂，奄至驚秋；隙駟靡停，莫聞留景。吳客致問，知玉體之不康；太史觀文，駭前／星之失色。斯蓋天人之合應，靈真之降祥。暫表瑞於皇家，復收神於太素。望思不已，／稱漢后之深慈；封樹克終，從橋山之真宅。嗚呼！佳城一閉，夜防千古。拱木合抱，悵歲／月之推移；深谷為陵，庶文字之傳信。臣恭膺明詔，獲當撰述。在昔苴茅錫／社，嘗奉行於命書。今茲卜兆開阡，又勒銘於玄寢。濡毫感愴，誠無媿辭。銘曰：／

皇圖三葉兮，邦家會昌。錫祚蕃衍兮，發源靈長。猗蘭積慶兮，黃離降祥。／帝錫純嘏兮，挺生賢王。在傅不勤兮，英姿聿彰。為善最樂兮，嘉言載揚。／天既難忱兮，命亦靡常。秀而不實兮，今也則亡。愁雲繁兮歲將暮，／清霜凝兮天向曙。森騎吹兮前引，儼翣靈兮先路。祔宅兆兮文園，／愴風煙兮鞏樹。唯青簡兮翠珉，垂令名兮終古。／

明德皇后園陵并祔葬一行都大勾當、供備庫副使、入內內侍副都知、勾當御藥院、金紫光祿大夫、撿挍左散騎常侍兼御史大夫、騎都尉、清河縣開國子、食邑六百戶張景宗。／

御書院王欽、沈慶鑴字。

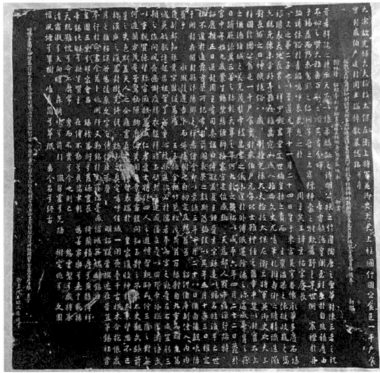

七、宋蔡元卿墓誌　天禧二年（1018）四月十八日

宋故贈大理寺丞蔡公墓誌銘并序 /

將仕郎、前守濮州范縣主簿劉槼撰。 /

鄉貢進士張擇賓書。 /

公諱元卿，字長叔，其先洛陽人。王考諱綰，萊州膠水縣令，在任九年終。子孫 / 挽柩將歸，百姓號呼遮留，不果歸，遂家焉。皇考諱隣，清節苦學，為遠近稱。 / 惜乎潦倒鄉社，不登仕禄。父兄子文忠公踐兩府，推澤先德，故 / 膠水贈太保，皇考贈太傅。公齠齔便異，精彩四出。虎散牙爪，龍拔頭 / 角。及乎成長，聰悟絶倫。始治《尚書》，終成辭人。筆掉于深，思鈎于微。恥若兒女雕 / 言篆語，嘗謂所親曰：「學不師古，可謂學乎；文不貫道，可謂文乎。」里巷中名進士 / 者皆不足與議，南走眹井華林之山，群居百人，公秀其間。公之文不 / 作則已，作則唐突造化，穿漏古今。上仁下義，內教外化。風皮雪骨，白樹矛戟。范 / 于有政，以利國家。可以扶帝而唐，輔帝而虞。徐人鄭宏，切磋同 / 方。五年乃歸，譽吼東國。劉楊唱惑，章句成妖。典舉非人，公試不利。事與時 / 闊，命也奈何。尋丁先君之憂，三年終制。因不復以世務帶懷，著書滿篋，事 / 亦功業。外舅駕曹外郎王允己知宣化軍，来召。公徃王去，因留軍南營墅 / 以居。家貧，豪俠率錢五十萬，添濟為卆，以射餘利。公謝之曰：「以道自處，貧 / 不當辭。非禮而貪，聖人不許。」竟不受。公娶王氏女為夫人，事舅姑孝，生女 / 一人四男。公以天禧二年四月十八日終於章紀之里第，享年四十七。 / 夫人後公而終，享年四十七。女未筓而卒。奕、稟、寘、交用文忠公蔭，俱有官。 / 奕為乾寧軍乾寧縣主簿，後公十年卒；稟力學，鏁中進士，官歷監察御史， / 公以子貴，贈大理寺丞，夫人贈滎陽縣太君，稟後公二十年卒；寘、交皆大理寺丞。今舉公與太夫人葬于青州益都縣永固村東鄧原，禮 / 也。槼與公之子交有契，見託斯文，冝銘之，銘曰： /

古今令人可悲者，君子有其才而無其位。千秋萬歲後，人有過公墓下，感 / 激而哭公曰：「賢哉！賢哉！」聲嗚嗚，淚浪浪者，未必無也。

八、宋常昇墓誌　天聖元年（1023）十一月十二日

大宋故常府君墓誌銘并序 /

粵哉府埋主銜冤，焚芝軫痛。石火風燈，蘭霜薤 / 露。芳蘭既謝，高桂其萎。高吳建瓦，周崇文禮。 / 高祖諱，曾祖諱。府君諱昇，夫人王氏。有男三人： / 長審能，新婦王氏，亡，次娶新婦王氏；次審恩，新婦 / 韓氏，亡，再娶新婦季氏；次審倫，新婦申氏，亡，再 / 娶新婦鄭氏。府君有女三人：長女牛郎婦；次 / 王郎婦；馮郎婦。孫四人：長福全；僧一人；懷信；行者。 / 孫女三人：長張郎婦；小女；好姐。玄孫児撿得。女。 / 孝子葶茹歎含酸，開白日之銘，卜青鳥之兆。□得 / 天聖元年歲次癸亥十一月辛卯朔十二日壬寅，葬扵 / 府城西二里已未新塋，禮也。東連紫府，西接彰原， / 南望羊頭，北顧三山。四神居儉，八卦咸全。已託方由， / 乃為銘曰：

猗歟府君，識量兼明。人百其身， / 方贖令名。每言家法，動合禮經。 / 子孫祭拜，万古延齡。

九、宋崔中正墓誌　慶曆七年（1047）

　　宋故朝奉郎、守尚書虞部郎中、知閬州軍州兼管內勸農事、護軍、賜緋魚袋借紫、清河崔公墓誌銘并序／

　　宣德郎、行大理評事、通判磁州軍州事兼管內勸農事、借緋王觀撰。／

　　公諱中正，字仲雅，清河人。曾王父協，後唐天成中宰相。王父頌，仕晉、漢、周，為顯官，入／皇朝，至諫議大夫，終於鄜州司馬。烈考昕，歷太僕卿。公景德中以父任太廟齋郎。／祥符三年，由太室長調鄭州司士。四年，車駕西禮睢上，經置使陳堯叟謂公／名卿子，年少有幹力，命主倉於鄭。乘輿所經，從臣、衛兵無慮數萬人，廩食調給，／一無匱乏。外臺狀其績，詔除鄭州新鄭主簿，尋改尉氏、太康二主簿。轉奉禮郎，掌／蔡州暨許之單鎮酒稅務。乾興初，覃恩授廷尉平，由廷平九遷為虞部郎中。天聖二／年，以衛尉丞知陝州芮城縣。代還，守南雄州，旋監相、晉二郡事，繼將洋、絳、深、隨、閬五／州。階自將仕郎三遷為朝奉郎，勳自武騎尉凡六加至護軍。公性方嚴，有檢柙。自／勝衣執卷即不喜為章句，讀書觀大義而已，扵春秋左氏學則盡心焉。歷官以廉謹／稱，持下頗用文法，然不為權弱輕重，故所至即治，勢力家以此憎之。慶曆六年，知／閬中郡，代有日矣。值境內旱甚，百姓艱食。公以便宜發倉粟，或括扵右族得數千／石，親抵佛舍，煑糜粥以聚哺之，賴全活者不啻萬口。是時，天災流行，人久餓殍，毒氣／熏染，穢不可近。而公往來眾中，肩相摩、趾相蹂，未嘗有厭頓色。公素有羸疾，以／憂勞故，因之而劇。劇亦日一二往眠餲飢者，僚屬間或有哀公勞瘁，勉之無行。／公曰：「天子不以某昏塞，授某遠郡，俾父母之。今民災歲荒，不可以不救治。既／救治之，吾不與，如不救何。雖疾以此劇，而民得不死，死且不恨矣。」往之如初，終不為／輟息，其愛人勤事終始如此。昔仲尼有言：「善人，吾不得而見之，得見有恒者，斯可矣。」／若公之為其有恒者歟！以其年四月十日啟手足於州之正寢，享年五十有六。孤／衎、衍徒跣奉夫人氏，護喪東歸。六月戊申，權厝於衛州新鄉縣壽昌禪院。明年秋歸，／祔于偃師祖塋之次，禮也。夫人賈氏，太宗朝叅知政事黃中之孫，尚書外郎守正／之女，生扵令族，作配君子。性柔婉，有法度。訓兒息以義，睦夫族以和。由公貴，封襄／陽縣君。子男三人：長曰稱，鳳翔司理叅軍，先公而亡；曰衎，太廟齋郎；曰衍，未仕。皆／才敏孝恭，綽有令問。女二人：長適王氏；次幕浮圖

術，落髮為比丘尼。男孫一人，曰仲／孫，三班借職。女孫一人，尚幼。先葬，衎、衍泣血再拜，来請銘。噫！以公之才明而位不／過正郎，以公之義行而年不及中壽，豈非天邪！豈非命邪！既命且天，吾將安訊哉！／觀惟公壻，而熟公之為人，作銘宜無讓。銘曰：／

龍尾之陰，邙山之側。纍纍故丘兮，森森寒栢。／左祖右父兮，巽壙連域。吁嗟君公兮，歸此幽宅。／歲大淵獻，占云其吉。已酉建月兮，庚申之日。／時良用甲兮，窀事孔適。／著之銘章兮，刻以堅石。

十、宋賈氏墓誌　皇祐三年（1051）

宋故虞部郎中崔府君妻襄阳賈夫人墓誌銘并序／

夫人姓賈氏，其先滄州南皮人。曾祖玭累贈太子少師，／祖黃中禮部侍郎兼秘書監，烈考守正虞部貟外郎。／夫人性聰警，幻有柔婉之德。生於貴胄，能以法度自處。／十七歲，以禮歸扵崔氏。崔大族也，內外幾百口。夫人／事上以恭謹，撫下以慈愛。色奉身率，未甞失其歡意。／太僕與昭德君每酌酒相慶扵堂曰：「自得賈氏婦，使我／姻族益親，子孫其昌乎！」囙授夫人以家事。終舅姑世，／宗門間無一語言诡暴其缺者，是為難哉！明道初，／天子籍田東郊，以夫貴，疏封襄陽縣君。慶曆六年夏四／月，虞曹府君終于閬中郡，夫人提挈諸孤，扶喪／柩歸葬扵洛陽偃師縣義堂店祖塋之西偏。險阻數／千里，號慟未甞絕聲行路，鄰黨無不為之慘惻焉。除虞曹公服之明年正月二十三日，感疾卒扵新鄉縣之／里第，享年五十四。後二年三月庚申，孤衍、衍泣奉／惟櫬祔扵先府君之墓，時皇祐辛夘歲也。男子三／人：長曰稱，鳳翔府司理𠫀軍，先七年而亡；衍，太廟齋郎；／衍，未仕。女子二人：長適王氏；次為尼。孫二人：仲孫，三班／奉職；㭰矩，年四歲。將葬，衍、衍來乞銘。壻王觀為之銘曰：／

邑也榮其生，祔也歸其真。／固之安之，以昌其嗣人。

十一、宋劉氏墓誌　至和元年（1054）七月二十四日

宋故彭城劉氏墓誌銘／

劉於中國為著姓，惟／夫人之先世以文顯。／夫人生十七年，歸于我室。後十一歲，父官／京師。至是，始寧焉。明季春，感疾。及夏，益革以終，實／至和元年甲午四月二日也。是月，舉其櫬歸。／夫人性和志專，孝尊睦卑，勤於四德之事。朝夕盥／櫛，衿縷綦屨，克柔克順。春秋祭祀中饋，酒醴不懈以虔。／家人無大小莫不宜，雖外之姻族以時見者，／亦莫不歡。其在閨壼，訓子以讀書謹身之義，所言／不類婦人女子。嗚呼！享年不淑，而弗克永扵世。生／男子二：長曰牧之；次曰衍之。皆延／先君太傅之賞。女子二，皆幼。是歲七月二十四日／乙酉，克葬／太傅扵伊汭之原，前進士任逸以妻之喪從新阡／庚竁之右。刻石納壙，為之銘曰：／

閨門之內，婦德尤鮮。德而不遐，／孰顯其善。或委諸命，推之于天。／予不知其然，予不知其然。

十二、宋彭錫墓誌　嘉祐四年（1059）九月十九日

額正書三行：隴西郡／彭先公／墓誌

隴西郡彭先公墓誌并序／

粵以先公者，是南康軍星子縣丹桂鄉吳陂社人也。居在廬岳之前，黃龍之左，福惠君／子。三十七郎居家積氏，户属古今。祖公諱盈，公二郎諱訓，公九郎諱真，先公三十七／郎諱錫。錫者，是開寶六年癸酉建生，壽年八十七歲身終。處家一十餘口，户係税錢拾貫餘。／父處家之時，州縣附名鄉，為一招賢納事，還缺崇。先婚汝南鄉刀環杜氏三娘，身終。次／婚江州甘山社陶五十三娘，陶氏身終。次娶仙石社陳氏四娘，始終送故。杜氏三娘長女三人，／皆能貞潔。一女三十九娘，娉于本社陳三郎名。一女四十三娘，娉于本社周二十六郎。陶氏五十三娘長男一／人，長女一人。一女四十五娘，娉于汝南東鄉黃崗社黃三十三郎。一男四十五郎，娶于上霄社周氏三女。／長男三人，長女一人。一男小大郎，名文章；一男小二郎，名文巽；一男小三郎，名文聰。一女大娘。四十五郎名運，／是天聖二年中元甲子生，壽年二十六歲，於庚申年身終。先公三十七郎妻陳氏四娘、新婦、孫息，／治家積活，廣置庄田，應奉公門，光榮超衆。先公三十七郎夲望長居世表，永處高堂，／永延壽筭。何乃於己亥嘉祐四年春夏以来，偶縈疾苦。孫息乃百救無□，眷属／而千醫少効。至於當年秋九月十九日，以稟天年。可不孫息泣血，眷属號天。恨斷行／蹤，慈顔永隔。是乃無伸鴈悼是慈門，於家建置道場。七七齋修，普皆周俻；諸／部真典，莫非圓滿。是以乃命良師，遍尋勝地，尋住宅坤宮二里之外，土名楓林塘／西樿自己地上安厝。其山磊落，水豐秀，堪为墓宅。南北東西，昊水竒石；上下四围，／名峯峻領。孫息座位端然。周足日也，埽於山宅。可不六親齊湊，贊禮□臨獻之日，塋／送良時，僧俗六親五伯餘人，歌謠滿路，歎道稀有。乃為讚曰：／

隴西一个君，數人屈旨輪。壽年八十七，返作天中人。／迴荫於後嗣，家興一千春。更兼風水好，安穩万年忻。

十三、宋劉氏二十娘子墓誌　嘉祐五年（1060）七月二十三日

　　彭城劉氏二十娘子至和二年乙／未，適前進士任逸。明年五月二十／二日，卒於澤州判官之公署。又明／年，以其櫬還，權厝河南縣伊汭鄉／祖塋之側。用嘉祐五年庚子七月／二十三日己酉，大葬亡母萬／年縣太君，因啓祔庚之故竁以歸／焉。劉氏之姊，予之始娶也。徃歲葬我先君太傅，既祔於庚，其銘詳之矣，茲所不重敘焉。／劉氏端柔純懿，類其女兄。不幸天／嗇其壽，益可悼也。今其葬，不可以／弗識，任逸記。

十四、宋董莊壙銘　熙寧三年（1070）十一月十五日

額篆書四行：宋大／理丞／董公／壙銘

宋故宣奉郎、守大理寺丞、知臨江軍清江縣事兼裝制袁吉州鹽糧□運／董公壙銘／

族弟鄉貢進士淑撰。／

天平軍節度推官、承事郎、試大理評事、知漢陽軍漢陽縣事汪穀篆蓋。／

公生於大中祥符七秊甲寅冬十一月丙申，終於熙寧三秊己酉秋七月／辛未，姓董氏，諱莊，字仲容，世居饒州德興之北偏。曾太父顥，大父璨，父□，／皆德而不顯。夫人汪氏，三男二女。男曰：衛、衢、術。衛舉進士未第，其下□□／書研。女長適胡氏，次適張氏。公性磊落奇偉，雅有器識。少以所學干舉于／□，范文正公手試新進，擢以為第二。慶曆六年，緣恩補三禮出身。□始，／以失其本科，誓不願受。徐又念親老方衰，急於祿養，遂俯就以歸。初命滁／之来安尉，再命泉、睦二州司理叅軍。睦丁母憂，不上。繼又為天雄軍右巡／判。治平中，用知己薦，遷大理寺丞，知臨江軍清江縣。公性雖甚剛直，平居／有過失，喜受人之盡言。其設施儌儻，不瀆貨利，與族人割產，未始競其錐／刀。舊居之屋室近百楹，悉讓其□。挈孥之官，有類履寓。其疏財好義，類／皆如此。為吏廉正勤敏，所至之地，多平反□活，頗擅能聲。知己皆當世名／賢重人，悉欲援公於顯要，不幸早世，祗□於斯。吁，可惜也！越朙季冬十一／月十五日壬寅，歸葬於所屈之溪北咨號北齋之故址。前期，諸孤以書抵／淑曰：「知先人行業之詳，宜莫如君。先人既不幸以疾卒于清江官舍，命扶／其柩以歸。將葬有日，請銘諸壙。」謹論次而後銘曰：／

容止其頎，□修其美。疏財好義，蓋鮮倫比。／眾欲成之，遽張而弛。古之陰德，髙其門閭。／公之似續，孰可窺測。將永其傳，煥茲銘刻。／

宗姪之強書。

十五、宋蕭惣墓誌　熙寧四年（1071）十一月二十七日

宋故朝奉郎、守秘書丞、知端州軍州事、武騎尉、借緋蕭府君墓誌銘并序／

宮苑副使、銀青光禄大夫、撿挍右散騎常侍兼御史大夫、上騎都尉劉顗撰。／

朝奉郎、守尚書虞部郎中、簽書永興軍節度判官廳公事、護軍、賜緋魚袋李頴書。／

姪給事郎、守太子中舍致仕、騎都尉、賜緋魚袋隨篆蓋。／

蕭氏世系始扵宋，大夫樂叔以功受封，蕭為附庸。其後昌大，自漢至唐，歷五／代，綿聦貴盛，不與他姓同。凡四帝十三相，其為卿大夫、二千石數十百人，皆／以功烈、儒術嗣其家。何源深流長，德業光華之若是哉！／皇朝秘丞君諱惣，字伯元。十二代祖歸霸有荆州，為後梁孝明帝，生南海／王珣。子鈞，唐顯慶中為諫議大夫、崇賢館學士。子灌，開元中為吏部尚書。父／子俱有時名。及子嵩，又以兵部尚書為河西節度定吐蕃功入相，明皇遷中／書令。子華，相肅宗，以忠謹稱。子悟，以子儆相懿宗，封代國公，贈太師。子徹，為／秘書監生，益為起居舍人。子灌，夲朝為祠部貟外郎，君之大王父／也。王考義方，恬尚不仕，秘丞即弟三子也。幼孤，養扵外表姑陳氏家。年十／六，篤學能文，扵詞場巉然角出，一舉試天子廷下，不中第。咸平三年，／登丙科，得試挍書郎、建昌軍判官兼通判。秩滿，試大理評事、泰州判官。以考／課改著作佐郎，擢知端州，就遷秘書丞。大中祥符二年七月十六日，以疾卒／扵官舍，年三十四。君天資聰敏，為奇童。及長，好經書，一過耳經目，則必諷／扵口而闇扵心。與呂申公、范懿公、狄尚書同時登科為石友。君有淵鑒，在／建昌日，王樞密博文為南豐尉，君常異禮之，退謂人曰：「王尉器識宏達，有／宰輔之資。」後如其言。授端州日，上封請對，詔許登陛，敷敷利害詳明，／天子異之。及至郡，剗革繁獘，綱目大舉，吏服其明。夫人張氏，天章閣待制／昷之姊也，今祔焉。生二子：曰裔，早亡；次曰洞，舉進士，以孝廉聞扵鄉黨，為涇／州保定縣主簿。女一人，適邛州臨溪縣主簿段偅。孫三人：曰祜，曰通，曰平叔，／皆習進士業。以熙寧四年十一月二十七日，葬君扵烈祖之大塋。先期，／孝孫祜來請銘，顗與孝廉為場屋友，故當紀其王考之行。銘曰：／

蕭大系兮奕嗣冠，軒裳接跡業輝煥。拖紳通籍國之幹，／壽不隆歿君子歎。潏水南原故阡畔，豐碑生金詞刻燦。／卜壤舊壙宅靈觀，誌泉流兮盡高岸。

安元吉刊。

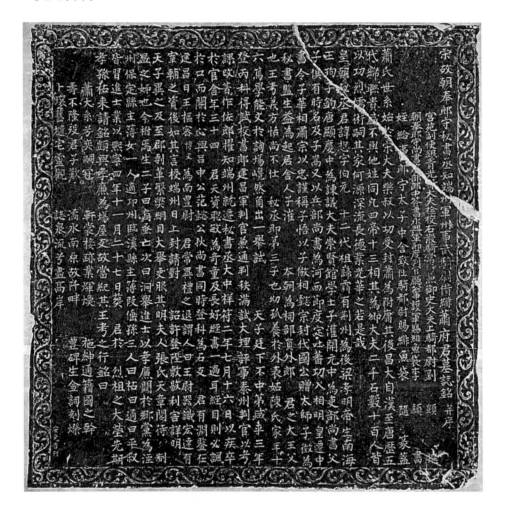

十六、宋盧二郎地券　熙寧八年（1075）九月二十六日

額正書：地券如前

維熙寧八年太歲乙卯九月庚申朔／二十六日乙酉，即有撫州金谿縣順德鄉／感化耆東造保住歿故亡人盧二郎，／行年五十六歲。天降大禍，命歸泉府。今／用錢才酒果扵五土明王及開皇地主／買得坎山來龍地一穴，作午丁向。／其地東止甲乙青龍，南止丙丁朱雀，西／止庚辛白虎，北止壬癸玄武。上止青天／吉星，下止黃泉，中心下穴永為亡人万／年山宅。急急如律令。／見人張堅固，保人李定度，書人天官道士。

十七、宋侯德全墓誌　熙寧九年（1076）正月十六日

額篆書三行：宋故上／谷侯君／墓誌銘

宋故上谷侯君墓誌銘并序／

鄉貢進士充小學教諭李漢傑撰。／

夫生事死葬，盡孝道於父母者，孝之純也；先異後同，播義聲於兄弟者，義之高人也。善行難責，其全／純於孝，則其義未必高。高於義，則其孝未必純。曰孝曰義，藹然兼茂華于一室，惟侯氏焉。方其天將佑／善，詔未表門銘，其葬者悉書其實。君諱德全，字晞聖，自曾高以還，籍于上黨，遺風餘烈，語在別誌，此不／復書。君為人端妍魁偉，凜然若神而威嚴可畏。獨以氣節自負，雄視里中，一時豪俠亦頗憚之。嘗謂：／「吾之家，世業於商賈，積有年矣。而貲産尚微，蓋牟利之術有所未至。殊弗知穀為司命，民生所急，不可／一日闕之。奇貨之居，捨此奚事。吾當視豐荒之年，謹聚散之法。其利農則斂其有餘，我無害於倉箱；其／濟人則售其不足，眾何傷於霜旱。」出納之數，歲踰萬斛。不數年，藏鏹鉅萬，屋潤生輝。户以財升，列于官／簿。其高也，在丙之前；其下也，居甲之後。由君起家，決有成筭，致之然也。君厚性寬中，雅能容物，內／以孝慈理於家，外以謙恭接於眾。內外之心，悅從如一。熙熙斂慕，美不容口。人有憂患及困斃者，必思／拯濟。雖傾貲為之，略無難色。晚年以閑適為心，家庭之事，一委弟姪。館延儒生，以詩書訓導諸子。躬莅／講次，質其疑義。至于佛老之書，亦厚禮其徒，詢求妙旨。樂善之誠，寔亦至矣。君娶郭氏，生四男六女：／長男士琼，娶李氏，琼早世，李氏再嫁；次曰王九、次曰九箱，皆未娶而卒；次曰士建，娶武氏，生孫男一／人郝奴；長女適王士安；次適申振；次適劉沆；次適吳仲驤而亡；次適賈兗而没；次適韓公敏。君之／夫人郭氏始在室也，雖曰幼齡，夙有至孝之聲著聞鄉里。年十五，而歸于君。能恭婦道，奉其舅姑踰／于父母，夫族法之。閨門有和睦之風。天性好善，能讀釋典。至于仙經秘籙，無不關覽。晨夕之間，未嘗釋／手。一夕將寐，衣中忽有千燈燁然，疑其得火光三昧，乃誦經之報也。心智聰悟，事無巨細，年祀雖遠，一／無遺忘。才淑非常，卓然獨異。君之卧疾，所苦未劇，預知不起，擇諸弟中有節義者，託以後事。因召少／弟德懿而戒之曰：「吾生四子，不幸三子皆逝，而一子獨存，吾嗣者在此一子。吾天年將謝，他日侯氏／之門或有離異，願以幼子為託，教導撫育，汝其勉

之。」語卒唏歔，泣數行下。德懿霑襟，奉教不勝悽惻。／君于治平元年冬十月八日終于私第，享壽五十有二。君歿而後，夫人守志自誓，保其一子。暮年／疾作，心不顛倒，口誦釋經及諸佛名號，其音不絕。士建以早失其父，常深追悼。及母之病，且憂且懼，幾／忘其生。躬嘗藥而饋之，不解帶而侍之，未嘗湏臾離于母側。其母因命之曰：「汝以吾篋中餘衣施于佛／寺，請僧十有二人，持念諸經，可假慈悲，少延朝夕。」士建謹從其命。俄而僧至，其母雖疾，益加恭禮，隨音／誦經，品偈有倫，玲然可聽。非其神不慣亂而能至于此乎！夫人於熙寧八年冬十一月二十有六日／寢疾而終，享壽六十有一。士建撫膺泣血，幾滅其性。自君之亡，僅踰五載，侯氏異籍，果符前料。德懿／至誠君子也，眾心仰慕，皆願與之同居。德懿因語之曰：「先兄遺教，誓不可忘，當扶翼士建，使有成立，則／無愧先兄託孤之意。志不我移，英魂必鑒。」鄉鄰聞之，不獨稱德懿存義之堅，抑亦多侯君知人之哲。／千載而下，慕其風者，雖鄙薄之民，亦將有所悛革。士建灼龜問吉，得熙寧九年春正月十有六日癸酉，／於郡西鄉曰太平，里曰崇仁，而祔葬焉。噫！侯氏之孤遺，有立而不失其依，德懿之義氣可嘉。考妣安宅，／而同得其藏，士建之孝心鮮儷。天聰降佑，大來於積善之門，其可禦乎！復為銘曰：／

惟父有識，託其孤遺兮。百世之下，續其慶嗣。惟母有志，保其幼沖兮。一子之食，厚其葬禮。／今範既立，貽于子孫兮。知為人弟，知為人子。孝義高風，愈久愈新兮。辭備其實，序之于誌。／

弘麓易奐書并篆額，樂安任道寧刻字。

十八、宋吳八娘地券　元豐元年（1078）九月十三日

維太歲元豐元年九月十三日，有／建昌軍南城縣東興鄉富陽里／殁故亡人吳八娘，行年三十七歲。先／用銀錢二千貫於開地皇主邊永買／得土名巡鋪窠庚向地一穴。東／止甲乙，南止丙丁，西止庚辛，北止壬癸。／上止青天，下止皇泉，將与亡人作万／年山宅。吉水長流，益蔭子孫，代代／富貴。買地之日，保人張堅固、李定度。

十九、宋周八娘地券　元豐三年（1080）十二月一日

維大宋撫州金谿縣順德鄉靖居耆巖良／下富保即有女弟子周氏八娘行年七十一歲，忽被／二鼠侵藤，四蛇俱逼，命落黃泉，覔帰冥／莫。生居浮世，死還棺槨。今用銀錢伍阡貫文，扵／開皇地主邊永買淂土名□住場坎山／作巳向迴龍大穴一墳。於歲次庚申年十二月／一日己未朔安葬，礼也。其地東止甲乙青龙，南止／丙丁朱雀，西止庚辛白虎，北止壬癸玄武。上止青天，下／黃泉。保人張堅固，見人李定度，書人天官道士。急急如律令。

二十、宋夏侯著墓誌　元豐八年（1085）三月十五日

額篆書四行：宋夏／侯處／士墓／志銘

夏侯處士墓誌銘／

權發遣京西南路提點刑獄公事、兼提舉河渠公事、承議郎、上騎都尉、借緋彭汝礪撰。／

宣州涇縣主簿吳師禮書。／

承議郎、上騎都尉、賜緋魚袋陳晞篆。／

鄱陽據大江上流，其地有金錫絲枲魚稻之饒，故其民不迫邊。其人／喜儒，故其俗不鄙陋。嘉祐、治平之間，先皇考無恙，人庶且富，父老多／瑰偉倜儻之士。歲時遊樂，車騎魚貫，吹笙擊皷，肴饌彈水陸。下逮負／販，亦微愁歎。熙寧中，先皇考捐館，耆舊相繼彫喪，至君殆盡矣，故余／聞君訃而哀。君侯氏，諱著，字微之。曾祖諱忠，祖諱信，父諱實。君孝友，／嘗代大父繫獄，弟有犯，自陳「我長應坐，非弟罪」，府義而釋之。父喪，徒／跣三年。外姑朱氏貧且老，迎養于家甚嚴，嫁其女如子。與人恭而有／愛，其行如恐先，其言溫溫如恐傷。平居少見慍怒，既貧無所憾。元豐／癸亥十二月十二日卒，年六十三。君兩娶，朱氏、武氏。三男：曰敏脩、敏中、／琪，敏脩、琪舉進士。女七人：長適彭汝舟，余兄公濟也；次鄉貢進士江／千能；次奉議郎、知信州鉛山縣吳宰；次姜孚、次蔣知常，皆舉進士；餘／尚幼。後三年三月望，卜葬于義犬鄉王仙壇。怦來乞銘，銘曰：／

微之繩繩，克慎克明。聿相厥由，聿求厥寧。／靡吝靡爭，以實其聲。允矣其傳，不在吾銘。

二十一、宋薛氏墓誌　元豐八年（1085）十二月二十四日

宋故宜芳縣君薛氏墓誌銘并序 /

朝散大夫、右諫議大夫兼御史中丞、充理檢使、騎都尉、賜紫金魚袋王拱辰撰。 /

朝奉郎、守太子右贊善、雲騎尉薛仲孺書。 /

朝奉郎、守大理寺丞、充國子監直講邵必篆蓋。 /

亡室宜芳縣君薛氏，贈兵部尚書簡肅公諱奎之第八女，贈太師諱 / 化光之孫，贈太傅諱瑜溫之曾孫。母曰金城郡夫人，姓趙氏。生十九 / 歲而歸于我。初，簡肅公□侍御史，將漕關陝。嘗與趙夫人偕謁 / 汾陰祠，默禱休應，已而得夫人。生而慧晤，長而靜慤，蓋鍾美居甚。天聖八年 / 春，予與群進士旅試軒陛， / 天子誤置為舉首，予甫拜命，趨就東廂。時簡肅公參預大政，遽歷 / 殿東廡，命予前問曰：「嘗授室乎？」對曰：「未。」公去有頃，命吏語曰：「得 / 二尊命，眷以嘉姻，蒙可于帝矣。」予對曰：「有君父之命，敢不承。」是 / 日，乃拜簡肅于弟，拜金城夫人于堂。後一歲，二姓克合。 / 夫人既歸，事舅姑夙夜惟謹，接娣姒言色惟睦，奉閨閫出入惟順，故宗族內外莫不 / 歡美。弗圖私門釁咎，未數月，太夫人棄代。後二歲，烈考捐館，而 / 簡肅繼薨。夫人躔哀茹苦，連服齊斬。景祐元年，寶慶太后追惟 / 簡肅之舊，召賜冠帔于禁廷。二年，郊需，享邑君之命。三年十二 / 月十六日，以疾卒，享年二十有四。自結褵至帷凡六載。其間衣純采者才數歲。則憂 / 樂多少，固可知矣，豈以是累夫人之壽耶！生子一人，曰寶團，先夫人 / 而夭。遺女二人，後七年相次皆逝。念此，人之痛隱惻心骨。夫人之生既有異， / 逮歸予家，又言：天聖之歲，嘗夢黃花滿空，集己之身。翌日，有殿中之好謂宜 / 華髮偕老，既壽且淑。甫二紀而謝，何兆之懿而享之薄耶！慶曆四年九月庚申，克葬 / 開封府尉氏縣栢子岡之原，祔于皇姑，禮也。銘曰： /

猗宜芳，兆神祉，鍾柔良。德門慶裕宜壽康，命之不淑淪暉光。 / 吁嗟哀兮！猗宜芳，既秀實，亦夭殤。生如大夢皆杳茫， / 湣灘直歲歸幽堂。吁嗟哀兮！

中書玉冊官逯靈龜、王克明、彭餘慶刻。 /

元豐八年七月二十三日，烈考太師薨于魏，以其年十二月二十四日甲 /

申，葬于河南府河南縣教忠鄉府下里之原。乃自尉氏奉夫人之柩，以合／祔焉。夫人後以公貴，累封平樂郡夫人。孤子晉明謹記。

二十二、宋鄭五郎地券　元祐三年（1088）八月一日

維皇宋元祐三年八月／一日甲戌朔，謹有大宋国／江南西道撫州臨川縣潁秀鄉／扶搖里古塘保鄭五郎行年五十五歲，忽採构，得知命屬蒿裏，恐不容身。生／居陽宅，死属黄泉。今用錢一万一千一伯貫／文買舍西地一面，兌山夘向，作墓宅。東／止甲乙，南止丙丁，西止庚辛，北止壬癸。於其／中央建造陰宅。賣地人張堅砧，書契／人李定度，見人東王公，保人西王母。緑亡人，／陰中侯伯不得侵奪，録其地券。急。

二十三、宋趙思溫墓幢　　紹聖三年（1096）十月十七日

大宋故內殿承制趙思溫字叔和，元祐五年五月初七日卒於東京清平坊私第／之正寢，享年六十有三。紹聖三年十月十七日葬於北邙之原，祔／韓王之塋。男希莊、希申、希□，女二人，孫男琮，孫女三人。是月十九日，希莊等建。／

男希申敬書。

只錄題記，不錄《佛頂尊勝陀羅尼》經文。

二十四、宋蔡氏墓誌　元祐五年（1090）四月

　　朝奉郎賈公直，元祐四年秋八月，丁其／父朝議大夫公之喪，函哀泣血，扶護還鄭。卜以五年夏／四月辛卯，葬於管城縣西周張遶之新阡，又附其亡婦／蔡氏於其或。蔡氏盇東萊人，贈刑部侍郎元卿之孫，廣／南東洛提刑贈朝議大夫交之中女。姿性婉淑，自其未／笄，能孝事父母，友於兄弟，嶷嶷如成人。家有疑事，父母／多參訂之，所言皆中理。即嫁，則能以其事父母之心移／於舅姑以及其夫。治家事，接族屬，率有恩意。公直初仕／為衛州汲縣主薄，家貧親遠，婦氏奉饋祀，侍賓客，盡其／有無。使其夫不以家為念，而得專心公務，且從問學。及／提刑公捐館，聞訃霣絕。水漿不入口者數日，因以感智。逮疾甚，形神識不亂，止以儉於送葬，無廣營佛事為言。／以熙寧五年七月卒，享年才二十五，斯可哀也。已生數／男：長曰君文，應武舉進士；次偉節，用祖朝議陰補郊社／齋郎。弍女，適進士李敏淑。婦氏母高平郡太君范氏，文／正公之長女，亦公直母舅姊。蔡氏卒十八年，乃克徙葬／於舅姑之次。洛陽賈崗志其終始而系以銘，西水陳信／篆於石，銘曰：／

　　嗚呼蔡氏淑且賢，世盇貴冑多蟬聯。在家婉約母訓傳，／即嫁和柔婦道全。初從薄宦窶且艱，克主饋祀無間然。／汝何夭閼弗與年，命矣不幸歸諸天。卜居茲宅固且安，／冉冉丹旐徙新阡！

二十五、宋楊氏墓誌　　元祐八年（1093）十月十七日

宋故虢略楊夫人墓誌銘 /

少陵方至撰。 /

樵國曹樸書。 /

夫人姓楊氏，尚書令、英國公礪之曾孫，朝奉郎、通判 / 明州嶧之孫，隱德先生稟之女。夫人生而淑懿，宜得君子以配。而尚君友諒世服珪組，見愛扵士之仁 / 者。先生知其詳，遂以其子妻之。夫人歸尚氏，事舅 / 姑克孝以敬，接姻族既恭。承御上下，馨無不宜。 / 迹尚君檢身接物，不失令名，則夫人之力有 / 在於是，由是德美盛為族人所稱。元祐三年春，夫 / 人感疾，以其年三月三日卒，年三十七。男六人：長 / 曰理，纔十三歲，天資秀發，若熟扵義訓者，居夫人 / 喪，垂一年不幸死矣；次曰獻、曰文、曰範，既就外傅；餘 / 方齠齔。女三人：長適陳瀘，次適李，皆舉進士；次尚 / 幼。嗚呼！夫人仰不獲盡心扵孝，俯不待子之養。既 / 富賢德而反嗇其壽，誠足傷也。以元祐八年十月十 / 七日，舉葬于萬年縣洪固鄉神禾原之先塋。前期，屬余為銘，辭不獲命，遂紀實以寘于壙。銘曰： /

懿厥夫人，允蹈賢婦。淑慎其身，閨門之秀。 / 命不克永，德宜爾壽。勒銘幽宅，死而不朽。

宋故鶴峰○○○○夫人墓誌銘

少陵方至撰、蘄國曹○書

夫人姓楊氏尚書令英國公礪之曾孫朝奉郎通判
明州○之孫隱德先生宋之女夫人生而淑靜宜
得君子以配而尚君文諱世脈珪夫人歸焉尚民事夫
者先生知其詳卷以其子妻之仁○○○○宜
克孝以敬承姑接物不失令名故○○○○
姑尚善○歲為盛夫人則攝御上下體無不宜有
近尚○德美盛為人所稱元祐三年春長
在於妾以是由是德美盛為人輔佐之力有
人歲安○以其年三月二十七子男六人長
理塊士一歲次○日獻曰文章範就外得餘人
女歲蘭○○長適陳穆幼適李原之先塋前期屬十
方業亂○夫人仰不待子之養乾
勤閨德而反呼夫人仰不待子之養乾
七為銘而不于萬年縣洪園鄉禾原之先塋前期
余為銘辭不覆命紀實心篆于壙銘曰闔門之秀
令不克泉得連爾○○○○○○○○○百不悔

二十六、宋尚文政墓誌　元符二年（1099）七月二十日

額篆書：宋故尚君墓銘

宋故河南府福昌縣尚君墓銘／

貢士祝應臣撰并書。／

尚君諱文政，字德懋，富於福昌舊矣。自其大父懷義、考守遵／已能廣田桑，勤墾闢。始時家之生齒未眾，困有陳積，財至衍／餘。歲偶不登，則鄉聚之窶，賴以資贍。年既順成，期輸息以償。／以故貲產之數綴户版者，獨冠諸豪。縣第科徭，尚為之最。逮／文政克家，諳歷世務而慮在事先。且曰：「異日吾家之子孫蕃／衍，婚喪聘饋，費出百端，用倍於前。而版籍户級日隆無殺，輸／公給私，益祇迫蹙，斯速貧之兆也。束手俟匱，烏得為智！」於／是／委田桑之利付之諸子，而儲鏹數萬，居肆以貿遷有無。乘時／射利，制一方開闔輕重之權，盈虛緩急，獨得於意表。老賈市／平勞瘁寐操計數，且不能究其仿佛。而君方蓄，倍稱之盈而／處之裕如。於是豪右聞風而悅者，往往罷精殫思，弊弊於錐／刀之末。至速辜媒怨，身辱而不反。彼豈知尚氏獨期於旻用，／而不在乎饕富，故能終保其富。常曰：「積而能散，豈特天理，乃／吾夙心也。今日之苟合苟完，蓋將俟公上之須，周族姓之急，／賑窮資乏，為閭黨不費之惠，吾豈好貨殖而自私哉！」故其奉／養疏菲而不為苦節，居處完固而不為崇峻。言無枝葉，行不／矯抗，惇謹少文。而鄉人以質直長者名之，斯亦旻多也。春秋／七十八，元祐九年二月二十七日終于家。始娶姚氏，継室張／氏、王氏，皆亡。男子五人：曰履；曰玘；曰儀；曰存；曰保躬。履、儀、存／先君亡。女三人：長適張宣；次適龐志誠；季適裴山。孫至曾、玄／凡二十三人。卜元符二年七月二十日，葬君于福昌縣仁壽／鄉宜陽村之北原先塋之東南。保躬泣而言曰：「先君平生所／存，眾人固不識。而子爲知義者，敢以父銘請。」予瞿然曰：「保躬／知銘其父乎！」於是為之銘曰：／

力富不力仁，斯速貧；知恥不知予，斯碩鼠。仁而能予，／垂慶緒詵詵，孫子無忝祖。杜機心兮性明，符天理兮／德馨。生焉昌而壽，終焉銘不朽。舉茲以旌，昭哉新堘。／

壽安楊立刊。

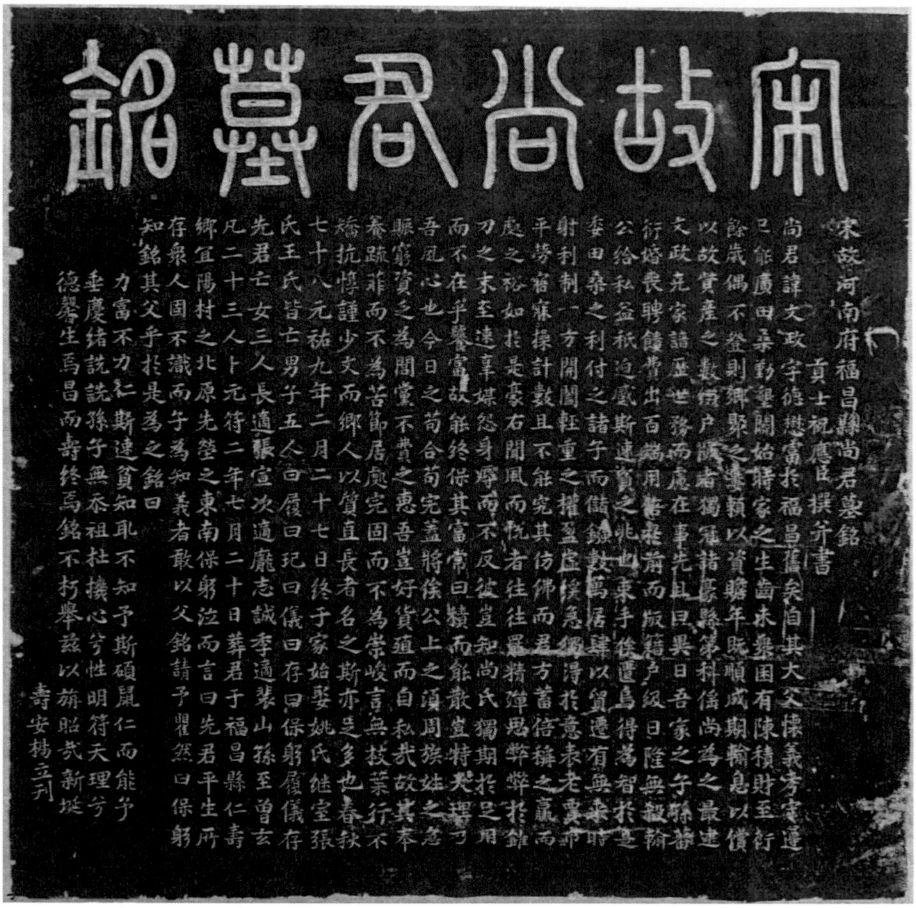
宋故尚君墓銘
宋故河南府福昌縣尚君墓銘
貢士祝應臣撰并書

二十七、宋徐企墓誌　紹聖四年（1097）九月六日

額篆書：宋故徐君墓銘

宋故徐公墓誌銘

□允德刊。／

進士傅洪……／

公諱企，字及之，信州鉛山人也。累世為大族，曾祖□□□□仁翰，父／諱正言，皆不仕，而公嗣基搆。粵紹聖四年五月□□□□疾不起，享／齡六十有八。葬之先，其孤泣来丐文，以誌不□。予亦承恩，故不／得讓，遂思公行義而為之。忽一日，公輒發其辭□□□平生□□靡／所不歷。始不幸，父蚤謝世，竭力事母，克勤幹蠱，未□□懈如□□僅／二十年，厥家已成，而孝友敦睦。又不幸母喪，昆弟□人□□□長。至／扴撿身約己，了無纖瑕可拮。苟有以利家者，不愛□□□□少□財／産進增，□弟琴瑟，怡然相與，同安共恤者殆四十五載，□迄今子孫／眾多。爰有析處者，亦聽其自爾，且曰：「吾老矣，固無他□，以弗獲全吾／志，終吾身，為不足。」予將信其言，察其行，推其心，論其為人。舉而方／扴時俗，誠可多矣。及見夫賓主之間，謙厚溫柔，優游不迫。言雖多而／不紊，禮愈恭而有體，故稟性有如此者。抑又聞燕安之際，澄心滌慮，／誦經頂佛，晨昏有常，曾不少變其初，故篤志有如此者。果其卒，凡鄉／閭戚属，無不見知而歎息焉。是宜與書，姑摭實以應之云爾。以是年／九月初六丙辰日，葬于仁義鄉安州源庄宇之後。其山坐□向壬，元／水之東，從吉兆也。妻余氏，生二男：曰仲荀，娶周氏；曰仲／□，娶陳氏。二／女：長適劉熙載；次適朱佽。孫男女六人。公始終若此，復何□□。銘曰：／

既富且昌，宜壽而康。今已云亡，歸安□□。／吉人久彰，積慶彌長。子孫承光，圖徽曷忘。

二十八、宋李文慶地券　建中靖國元年（1101）九月二十七日

　　維大宋國汝州梁縣王道村亡人李文慶／用錢九万九千九百九十九貫文，於／黃天父、后母處買得墓田一所。／東至甲乙，西至庚辛，南至丙丁，北／至壬癸。上至空蒼，下至湧泉。四至分明，並屬買數。知見人歲月／主，代保人今日直符。如有先居者，／永避千里之外。故氣邪精，不得／侵犯。太上老君敕。／

　　建中靖國元年九月二十七日，李立。

二十九、宋劉氏墓誌　元符四年（1101）二月二十九日

宋故奉議郎王君夫人永嘉縣君劉氏墓誌銘并序 /

奉議郎、守監察御史兼權殿中侍御史、武騎尉、賜緋魚袋石豫撰。 /

朝議郎、行衛尉寺丞兼權殿中省、驍騎尉、賜緋魚袋張競辰書。 /

朝奉大夫、行尚書工部負外郎、驍騎尉、賜緋魚袋梁鑄篆蓋。 /

夫人姓劉氏，世為東光人，承奉郎、守大理評事諲之女也。生而慧性，幼而明爽。早喪其父，哀思 / 痛悼，里人傷之。金吾王公易謹厚有家法，方慎擇其子奉議郎、簽書集慶軍節度判官廳公事 / 冒之婦。而公之甥先妻劉氏，聞夫人之賢，遂娶之。夫人才十四歲，既歸王氏，舅姑未嘗責以 / 婦道，而夫人朝夕奉侍，必敬必戒，能時舅姑之意，以志其養。又能以柔順事其夫，殊無妬忌行。 / 平居親戚間，不妄笑語。人或乘之以間言，必正色斥之。故閨門內外肅雍如也。躬閨內之職，力 / 女功之事，皆身先而自得，不事驕嫚。其正家有義，教子有方。及乎招延師儒，躬治庖饔。每聞諸 / 子講誦絃歌之聲，則喜不自勝。先是，金吾諸父昆弟類多清貧，而公悉周其急，不以戚踈為厚 / 薄。逮解官居鄉，俸薄不乏以均贍。夫人悉出奩中物以佐其惠，曾無片言達于外。故受施者不 / 聞知也。蓋奉身薄約，衣之弊，雖久扵澣濯，亦不忍弃。其扵祭祀、賓客、親族間，惟恐不厚。督奉議 / 君所生母孝感縣太君張氏少流落四方，夫人傾資匱財以事諏訪。及得于乾寧軍民舍間，夫 / 人奉養不少懈。鄉閭益以為孝，輿論榮之。夫人性嗜佛學，始取黃卷讀之，不知手披之勤，口誦 / 之勞也。宴坐一室，蔬飯自如，淡漠之心蕭然，有自得趣。左右或叩之，則曰：「物我均夢幻，是理何 / 問焉！」居數歲，一子二女亡，惟一慟而後已。其不以死生介扵中，雖佛其徒者，徃徃以不及愧。家 / 尚惠慈，亦未嘗以約為泰，以致內外姻族皆愛敬之。嗚呼！夫人可謂賢矣。紹聖四年十二月一 / 日，以疾卒扵河南府私第之正寢，享年四十三。夫人資仁厚，性静明，事上孝，撫下慈，從夫義，待 / 人和。視嫡庶無異意，內外無間言。平居議論灑然高遠，有古賢女之風度。雖資橐始豐，而與 / 其夫言，曾不及利，悉任其聚散，視之如游塵也。性善容物，聞家人之過，不形扵言，益親厚之，欲 / 以愧其心，而使之改也。蓋夫人得至誠之道非出扵強勉，而奉議君得內助之賢有如此者。十 / 一子，實生九人。男長曰敦仁，蚤亡；敦義、敦禮、敦智；曰敦信，蚤亡；敦常。皆好學有文，並舉進士。女 / 長適衛州共城縣尉孔

唐年，蚤亡；次蚤亡；次適蔡州平輿縣主簿張崐；次蚤亡；次幼在室。孫男／一人，光祖。敦義以元符四年二月庚申，葬其父于河南府河南縣龍門之原，以夫人祔焉，禮也。／予與居道君遊有舊，知夫人為最詳。其子哀泣致疏請銘于余，乃為之銘曰：／

淳淳夫人，德全性美。言不浮華，行不奢靡。／以事舅姑，勤不廢禮。以順夫子，和不違義。／寶覺真心，夢幻生死。来浮雲然，去流水尔。／何生何亡，孰主張是。諸子嗣之，克承厥志。／

霍奕刊。

三十、宋董責道墓誌　　建中靖國元年（1101）十一月二十八日

額篆書：宋故董君墓銘

董君墓誌銘 /
新授絳州正平縣尉汪舜昭撰。 /
從守漳州節度掌書記勵書。 /
從朝奉大夫、新差知袁州軍州兼管內勸農事、上輕車都尉、賜緋魚袋借紫又篆。 /

　饒州德興董責道既亡之明年，其子濤来告曰：「吾先君卜葬有日矣，使其操行潛 / 德泯没而無述，則為善者何以勸。而後世之未者，何以考德扵其先。而子與先君 / 有一日之雅，嘗喜其為人，又樂道人之善。求文以銘，莫如子亘。」予歎曰：「古者列國有 / 史，士有銘，旌懲勸，所寓善惡必書。陰誅顯譽，咸得其實。去世雖遠，而志士仁人凢有 / 隱行可紀者，孝子慈孫未嘗不欲昭顯以傳無窮。矧夫責道非獨善可銘乎，予 / 固不得而辭也。」責道諱□，世居海口，以財力雄於鄉。為人靜默尚氣，重然諾，与 / 人交，始終一節。性識明敏，洞曉音樂，以至陰陽卜筮之書，皆遵其旨趣。晚歲，益舒放。 / 暇日，多集親朋，圍碁酌酒，以相娛樂。□作小詩，時有佳句，徃徃老師宿儒不逮其作 / 也。頃歲饑，出穀數千斛，減直以濟旁縣之民，多賴給之。常有貸其金帛，射利扵江□ / 間。既折閱矣，執產契以償公。公抑而不受曰：「吾豈乘人之急者耶！」益厚遇之。族里□ / 或市商販難還，凡鬻貨於其門，當用權衡度量者，使自為之，而人亦不欺。田疇 / 雖日闢，三十餘年無比畔辨訟，故累政不入公門，井邑後生輩亦莫識公面。以是，鄉 / 人稱為長者。力教諸子，四方有名士，即遣從之遊。故諸子學問益博，為時聞人。公平 / 生強力少病，一旦遘疾，更數醫不愈。酒謂其子曰：「命止此矣，醫藥何為生。事不吾委， / 惟努力前脩，以大吾門爾。」逮病革，神識不亂。以元符三年六月二十八日卒於家，享 / 年六十有一。鄉人聞公卒，莫不流涕曰：「善人已矣，天何不使其久在於丗也歟！」以改 / 元建中靖國元年十一月二十有八日，葬于俞村之原，從舊卜也。娶汪氏，男四人：浪、璹皆 / 早死；濤、鑄應進士舉。三女已適士人，季女在室。孫男女各六人。曾孫男女五人。董氏 / 出自姬姓，舜始封父名為董氏，其後子孫或適晉，或居隴西，或徙河東。更五代亂離， / 避地江左，因家海口焉。曾祖象，祖償，父震，皆不仕。銘曰： /

　　允矣世德，積而益蕃。公實直子，又大其門。／屏山蒼蒼，銀水潺潺。
俞村之歸，公志之安。

三十一、宋甘大娘地券　崇寧三年（1104）九月二日

額正書：隴西夫人地券

維皇崇寧三年歲次甲申九月辛未朔初二日壬申，／大宋国江南西路洪州豐城縣富城鄉同造里新田坊後／塘保歿殂仜人甘大娘，行年八十歲。命奄泉府，礼用／安葬。今用錢一万貫，買得此艮山丁向地一穴。東止甲／乙，南止丙丁，西止庚辛，北止壬癸。中央与仜人甘氏為／塚宅。地內若有金銀寶物，亦任仜人主管，地神不得／爭占。此地或有前仜君子、後化女人，並為隣／里。伏屍故氣，不得妄有呵責。准此地券。／見人張堅固，保人李定度。／書人年直符，刊人日直符。

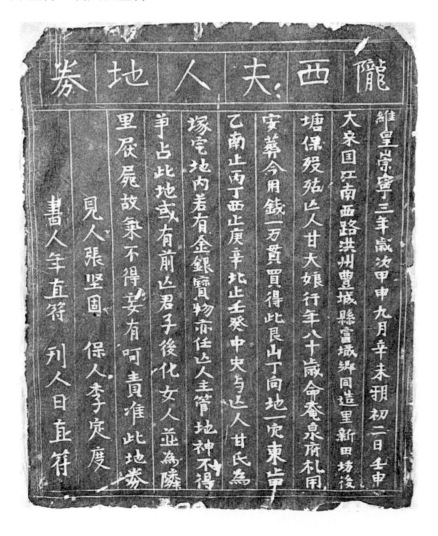

三十二、宋王三郎地券　崇寧三年（1104）十一月十日

維大宋崇寧三年十一月十／日，建昌軍南城縣牢城弟／二都歿故亡人王三／郎行年五十歲。今用銀錢一千二百貫扵開皇地／主邊永買得土名潭步／源民山丁向地一穴。其地東南西北各占一丈二尺，为／亡人万年之宅，大吉利。

三十三、宋馮貽孫墓誌　崇寧三年（1104）十一月二十六日

宋故宣德郎、知鄜州洛交縣事馮府君墓誌銘并序 /
承議郎、涇原路經略安撫司勾當公事、賜緋魚袋陳述之撰。 /
朝請大夫、管勾西京嵩山崇福宮、柱國張保淳書。 /
寶文閣待制、定州路安撫使、兼知定州黃寔題蓋。 /

府君諱貽孫，字仲謀，洛人也。故丞相、魏國文懿公諱拯之曾孫，贈刑部 / 侍郎諱用己之孫，文思使、梓夔路兵馬鈐轄諱維禹之第四子也。兄弟好學，能世 / 其家。以父蔭補三班借職，又改奉職。君曰：「是豈以行吾志。」 / 於是鑹其廳，舉進士，遂與薦送。以母病，不赴春官，換授河中府河東尉。 / 避親嫌，調孟州司戶叅軍。時大丞相富鄭公鎮孟州，才其為吏部使者 / 選，攝新安縣，以譽聞。丁父憂，服除，授汜水縣主簿。又以母憂去，再調石 / 州司法叅軍。石守武人，欲君曲法，以得積俸。君拒而不從，守復稱其剛。 / 果用帥臣等薦，為懷州防禦推官、知潞州襄垣縣事。又以親嫌，對移相 / 州林慮縣。縣有十年稅欠，君以術理之，不大擾而㿺。秩滿，用舉者遷宣 / 德郎，知鄜州洛交縣事。到官兩月，感疾卒，寔元豐四年五月十一日也。 / 享年四十有三。娶樂氏，贈刑部尚書諱許國之孫。継室陳氏，龍圖閣直 / 學士、左中散大夫諱安石之女。男紹祖，京兆府軋祐縣令，管勾太原府 / 團栢鎮煙火公事，亦以才聞，後君四十年卒。女適進士李蒼舒。孫男三 / 人：定國、彥國、康國，並舉進士。女孫一人，早夭。君和裕明達，蓋將有為而 / 命奪其志。出於相門而氣無驕矜，與人交恂恂有始終。君之卒也，薬葬 / 者幾三十年。陳氏先君得癈疾，而心計有餘，能幹葺家事，幾於家肥。將 / 卜以崇寧三年十一月二十六日葬君於偃師縣洛南鄉香谷里之塋。 / 以銘屬其從弟述之，述之以謂生不擅其有，而死能安其歸，是可銘也。 / 銘曰： /

既畁其德，胡薄其仕。既富其才，何嗇其壽。 / 強仕之年，命抑所有。迷冥陰施，其理奚究。 / 猗歟寡妻，惸惸在疚。三十年間，送終㒟幼。 / 力勉諸孤，舉君之柩。歸藏新丘，俾安永久。

宋故宣德郎知廓州洛交縣事馮府君墓誌銘并序

承議郎江原路經略安撫司勾當公事賜緋魚袋陳述之撰

君諱貽孫字仲謀洛人也故定州安撫使□知定州黃寔題之曾孫贈刑部

侍郎之孫制定州路安撫柱國諱淳書寔之第四子也兄弟

好學能文已家以文蔭補三班□奉職改奉職左班殿直以母憂去

逃避嫌觀嗜安縣孟州□闍以遷曲法除用法□縣安嫌者遷宣

果州攝鄞縣以譽聞州舉為司戶參軍時大法除母憂相又改轉官□志

德州□林應縣有蕭洛交縣事到官數月遭喪里鎮孟州中其河□□□

□□□十年散大夫君以才聞後君一人交□□□□□□□其理冀完□□

人圄縊閤圍火益國念□□□君年一十四年卒女適進士李□□□□□

學士相其志出於陳氏先君而得璿瑞旅□□□十四年卒女和裕明道□□

事相□□□□□□□□□□□早天君和□□□□□□君之卒也蓋將有為

命齊定其志□人交絢絢□□□□□□□□□□□□□□□□□□

者以蔭族其述弟述之□□□□□□□□□□□□□□□□□□

以卜以諸屬□□其迷弟述之□□□□□□□□□□□□□□□□

銘曰

琦勉諸齡妻　胡薄其仕　阮舟其德　命抑而有　迷寫陰施　遂終鄉幼　佛安永大

力勉諸齡　命抑在疾　歸藏新丘　三十年間

三十四、宋黃府君地券　崇寧三年（1104）十一月二十七日

維皇宋崇寧三年歲次甲申十一月／辛未朔二十七丁酉日，大宋洪州豐／城縣富城鄉祝燎里歿故黃府君，／享年六十有四，拎去年十二月十八日／辭世。用錢万万貫，就開皇地主買／淂地名楓林崗陰地一穴，艮来作／午丙向。東止甲乙，南止丙丁，西／止庚辛，北止壬癸。上止天，下止地。為中一穴，將与亡人万年陰宅，／外神不得妄来爭占。書人天上／鶴，見人水中魚。保人張堅固，證／人李定度。急急如太上律令令，／勅。

三十五、宋李三郎地券　崇寧五年（1106）三月十七日

額正書：地券

維崇寧五年太歲三月癸巳朔／十七日己酉，即有撫州金谿縣順德鄉／二十六都後賽上保歿故亡人李三郎，／行年九十四歲。天降大禍，命歸泉府。今／用錢才酒菓抒五土冥王及開皇地主／買得地名丙方地一穴，癸向癸水。／東止甲乙青龍，南止丙丁朱／雀，西止庚辛白虎，北止壬癸玄武。上止／青天吉星，下止黃泉水口，中央永為／亡人万年山宅。急急如律令。見人張堅／固，保人李定度，書人天官道士。

三十六、宋涂九娘殘地券　大觀四年（1110）七月十二日

　　……地主五土冥王邊買得地□□□／山作於辛向。東止甲乙，南止丙丁，西止／庚辛，北止壬癸，中央戊己。上止青／天，下止黃泉，四方正當九龍之穴。將与／涂氏九娘作於住宅，所有衣裝財物近庅神祈不得欺詐。如有此色，伐歸天獄／時，所有四止內金銀財保，並係涂氏九為主。／歸于天命，記其歲月，而安厝之也。／見人張堅固，保人李定度，書人天官。／歲次庚寅大觀四年七月十二日，契。

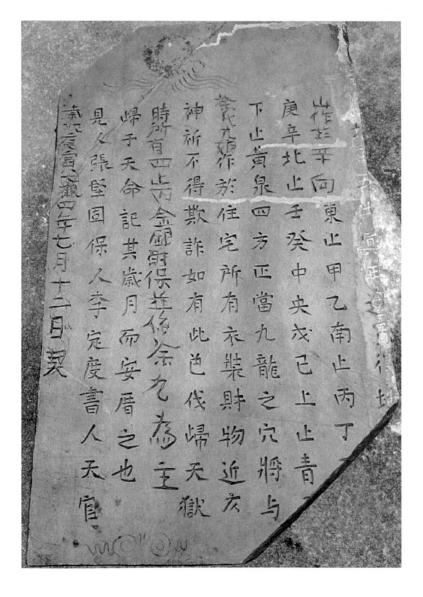

三十七、宋馬氏墓誌　大觀四年（1110）七月十五日

額篆書三行：宋故／夫人／馬氏／墓名

宋故建雄軍節度推官周府君夫人馬氏墓誌銘并序／

夫人姓馬氏，其先祥符人，後徙河南。考諱從先，尚書工部侍郎，贈／金紫光禄大夫。母陳氏，同安郡太夫人。夫人中外皆大家，而淑懿／通穎，生知禮則。方在室時，事父母莊肅不少惰。雖燕私進見迎將，／必面向却行，動中矩法。金紫公有疑議間，折諸夫人，無不愜當。故／父母器愛之特異，雖諸子莫及。外王父太尉康肅公堯咨昆弟將／相，顯赫冠一時。夫人幼從外氏，姻黨視為標準。金紫公為擇配甚／久，年廿餘始歸周氏，而金紫已薨。文元賈公昌朝，從母夫也。嘉其／賢，為區處奩具，以助其行。周氏，鄭巨室。夫人不克逮事皇舅而輔／佐君子，嚴穆如賓。建雄蚤世，夫人寡居垂三十年，未嘗出閫，雖近／屬經過亦絕。養其姑至八十六以終，無纖毫懈弛。拊諸孤，慈育備／至，人人自以謂偏被其愛。女姪三人，幼失怙恃，為極力畢嫁，過其／所生。平居睦宗戚，延賓客，儀榘端粹，論議袞袞。而禮意明煥，觴豆／豐潔，諸周慕其紀律。故集賢錢公長卿、今河北都漕李公延寧娶／其妹姪，皆尊憚之，其賢範可知已。大觀四年六月甲午，以疾卒于／正寢，年七十。建雄諱永年，先夫人廿九年卒。子男三人：忱、忼、悅，皆／業儒學。女三人：長適宣德郎、知杭州臨安縣錢轃；次即勰之室；其／季蚤亡。孫男五人，女六人。諸孤以其年中元日葬鄭州滎陽縣敦／義鄉，祔建雄之兆。其仲女壻河南潘勰攬涕以誌其墓，銘曰：／

猗歟夫人，顯允厥世。文駟雕軒，佩服有煒。相君之甥，侍臣之子。女／婦母姑，其德具美。涉七其旬，黃髮奉祀。孔碩不暇，視古無愧。篆此／銘詩，以詔來裔。

管城彭皋刻。

三十八、宋洪十四娘地券　　大觀四年（1110）十二月十二日

　　維皇宋大觀四年歲次庚寅己丑朔，/亡故女弟子洪氏十四娘，於二月初八日，因往南/山採藥，遇見仙人飲酒，玉女傳盃，蒙次酒一盞，迷/醉不迴。今用銀錢玖拾玖万玖千玖拾玖貫玖貫玖/百玖拾九文玖分玖厘，買得龍子崗頭地一穴。其地東/止甲乙，南止丙丁，西止庚辛，北止壬癸。四止內如有金銀異/寶，盡係亡人收管。永為千年之宅，万歲之墳。神不得/動，鬼不得侵。男侵為奴，女侵為婢。上止青天，下止/黃泉。若有人来討，但去黃河東海石沙邊。書人/張堅固，見人李定度。讀人雙白鶴，保人雙鯉/魚。白鶴讀了飛上天，鯉魚保了入黃泉。吾奉/天師虜分，依吾令勅，下地契墳墓誌記。/十二月十二日。

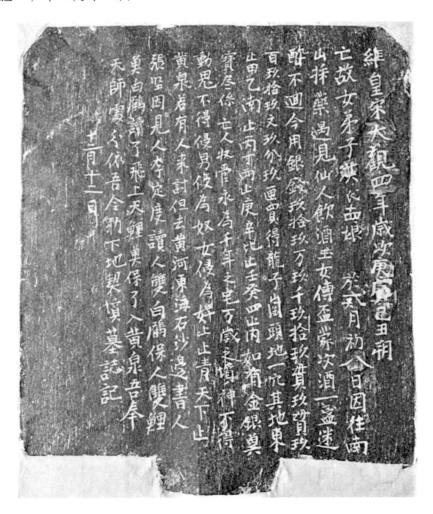

三十九、宋蔡礪墓誌　政和元年（1111）四月八日

額正書四行：宋故奉議／郎累贈朝／散大夫蔡／公墓誌銘

宋奉議郎、通判祁州軍州事、兼管內勸農事、武騎尉、贈朝散大夫蔡公墓誌銘／

中大夫致仕、上護軍、華原縣開國男、食邑三百戶王得臣撰。／

朝散大夫、權陝府西路轉運判官、雲騎尉趙佺書。／

朝散大夫、通判永興軍府事、兼管內勸農事、飛騎尉張蘇題額。／

公諱礪，字至夫，晉司徒文穆公蔡謨之後，世為清源晉江人。兗公謝事於陳，遂家宛丘。公太師、兗國公黃裳／之子，太師、荊國公融之孫，太師、漳國公徹之曾孫也。公孝友之性，本於天資；該通之學，出於自得。居母兗國／太夫人童氏喪，纔十餘歲，兗公遠仕，携公以行。公以旅櫬在遠，朝夕號慟。一日，潛歸清源，葬之，還以告兗／公。公喜曰：「汝至孝，遺汝以成汝之美。果能畢大事，異日大吾門，非尔其誰！」兗公生平以廉潔自守，捐館之日，家／無餘貲，口眾聚食，議欲異爨。公止之不獲。時公弟大丞相忠懷公礭年十三，軍器監碩方六歲。公曰：「長／者無慮，二弟方在教養，吾其可捨！」乃與共處，訓誘講解，晝夜不息。故兄弟為一時名儒，相繼中第。公五預鄉／書，四為舉首。熙寧丙辰，徐鐸牓同三禮出身，調西京鞏縣主簿。到官未幾，改太原府都作東院。公洞曉百工／之事，雖刮摩淬斂之工，不敢不盡其巧。當時河東兵械，号為犀利。本路都轉運使陳公安石知公行能，薦／公屬官。旋被旨，兼提舉本路盬事。公於之裏得鹹鹵地，創興盬池，歲種斗子紅盬廿餘萬。治畦之日，地／中得石，刻有「永為盬定夫人」，蓋公興事造業與古人合。任滿，遷宣德郎，再任。元祐初，忠懷公被誣，公隨／亦罷。既而，知舒州桐城縣，遷通直郎。桐城幾八萬戶，為淮甸劇邑，民素頑狡。公處之，庭無留訟，而獄有經年／之空。邑民何生者為亡賴姪所毆，訴於縣，其姪登進士第。公曰：「此子誠無賴，然毆叔之罪非輕。尔白屋，幸有／知。善不積不足以成名，惡不積不足以滅身。小人以小善為無益而弗為，以小惡為無傷而弗去。以至『荷校滅／耳，凶』。」若此經語，凡誦數百言以責之，庭下之人莫不懼聽。何生泣拜，乞其姪以歸。公曰：「不可，假尔杖，尔其撻／於庭。」何生益感泣，終不忍撻，乃令領歸，笞之。異時，其姪負荊以謝，弗與之見。由是，邑民終公之之任，無復宗族／之訟。進士陳汲訟里人於縣，公

察其事近於捃。曰：「此必有他。」鞫之，汲乃鬻貨者，以此脅逋負之人，覬其必償。／欲治其妄，慮真書生，乃坐之庭下，試以經義，如『過則勿憚改』、『如恥之，莫如為仁』之類五篇。義成，閱之有理，遂止／罰金。公為政大率如此，代還，簽書澶濟軍判官廳公事，遷奉議郎，考試應天府。進士貢二十餘人，而中第者／幾半。除通判祁州，未赴任。以疾卒于家，享年七十有四。公秉德清白，氣節剛直，甘貧樂道，竭力田畝，未嘗有／求於閭里。効官行己，惟其所養，而不屈於流俗，為章句之學，長於聲律。迨朝廷以經義取士，乃更新文格，／深窮道奧，名振場屋，為人楷模。平日，尤喜於歌詩，以至命書修養之術，無不精通。忠懷公受知神宗皇帝，／不三四年進司鼎鉉，為元豐受遺定策名相。殊勳偉業，冠絕前人，門弟子獨以公不得據其所蘊為恨。公／曰：「丞相學於我，今能行其所學，則吾道行矣。升沉命也，吾何慊乎哉！」節度使呂公惠卿嘗語公曰：「惠卿於諸／弟，莫能教之，有兄之親而已。公於二弟，既有兄之親，又有父之恩，公之行檃可見矣。」公娶蘇氏，贈崇德／縣君。再娶賈氏，封崇仁縣君。子男二人：曰溥，朝散大夫，專管勾永興軍耀州三白渠公事；曰浩，未仕。女八人：長／適秦州成紀縣主簿王鑄；次適朝散郎章粹；次適深州司理錢景通；次適文林郎、泉州節度推官程允元；次適／太子右率府率趙士閎；三人早夭。孫男六人：曰擴，假將仕郎；曰擴、曰揮，尚幼；三人蚤夭。孫女十三人：長適進士／解世顯；次適進士程百之；次適進士趙端彥；六人未嫁；四人蚤夭。以溥陞朝，累贈公朝散大夫。以政和元年／四月庚子，葬公于潁昌府陽翟縣大儒鄉東吳村尭公域之丙穴。予與公為筆研之舊，且聯姻。又大丞／相忠懷公同牓帖，將葬其子，請銘於予。義難卻，為之銘曰：／

　　猗歟蔡公，學博而通。行義之表，文章之雄。克襄大事，方在幼沖。／維持令罍，顯於元豐。大河之左，興利之功。淮甸之政，循良之風。／刻此香名，以傳無窮。

　　孫假將仕郎擴摹，刊者王宣。

四十、宋空白地券　政和五年（1115）

額正書：地券如前

　　政和五年月朔日，／即有州縣／歿故亡人，行年歲。天／降大禍，命帰泉府。今用錢才酒果於五土／冥王、開皇地主買得土名。／東止甲乙，南止丙丁，／西止庚辛，北止壬癸。上止青天，下止黃泉。永／為亡人万年山宅。急急如律令。／見人張坚故，保人李定度，书人天官道士。

四十一、宋許安國墓誌　政和六年（1116）四月二十一日

宋故承信郎、贈左屯衛将軍許公墓誌銘并序 /

奉直大夫、前京西路轉運司管句文字韓容撰。 /

武功大夫、白州團練使、催促陝西河東路府第并明堂荐木植王子久書。 /

武德郎、催促御路窠木王子弼篆蓋。 /

明昌遷運，群材兼録，片善必収。故萬務咸舉，而野無遺逸。有宋肇興，十有餘 / □為而臻此，非獨有經天緯地之文，抑亦有克禍定亂之武，豈足偶然哉！實惟得人，以 / 濟至治而已。許氏世以武稱，雖提孩稚徒，皆能挽彊騎擊，勇冠三軍。間有英異粗聞 / 俎豆者，亦以能名，夫公其人也。公諱安國，字器之。其先同州朝邑人，後徙家開 / 封。曾大父超，原州團練使。大父繼隆，成忠郎。父咸亨，武德郎、鄜延路兵馬鈐轄。 / 公以父賞延，入仕為承信郎，監陝州靈寶縣酒稅。未幾，馬公懷德帥瓦橋，奏公管 / 句邊司機宜文字。未授命，嘉祐八年五月八日，以疾卒扵靈寶官舍，享年廿二。 / 公將家子，獨知好儒學，孜孜不舍卷，雖祁寒暑雨無懈容。長扵陰陽推步之術，知人 / 之死生禍福若神識者。方期公大用，不幸其遽不起也。嗚呼！天俾公以宏材矣， / 而弗克用扵世間者太息。賴其子有立，足以發明公之偉譽，茲亦無慊焉。公娶 / 孫氏，贈室人，秦州兵馬鈐轄信之女。後公再芽而卒，享年廿四，實治平二年八月 / 十三日也。男曰亞，武功大夫。孫男：溥，保義郎；淵，承節郎；沔、深、浩、潘、涓、澄，深早卒；餘未 / 仕。孫女適武翼郎李師中。公以子通籍扵朝，贈左屯衛将軍。方公之逝也， / 亞實在繦抱，鞠于伯氏，未能奉公之喪以歸。後五十四年，亞以戰多被賞，擢京東 / 將。扵是卜北邙之原，舉公與室人之喪，葬于河南府洛陽縣宣武村。將以政和六 / 年四月二十一日畢事，前期，請銘以誌諸墓，銘曰： /

嗚呼許公！好學自衷。位以武致，綽有儒風。知既博識， / 數亦精通。前事先知，應用不窮。身既不顯，與顯者同。 / 有子起家，有孫其承。立身揚名，以顯其親。身雖死矣， / 其榮不亡。死而不亡，其又何傷。嗚呼許公！克安斯室。 /

雷章、祁恭刊。

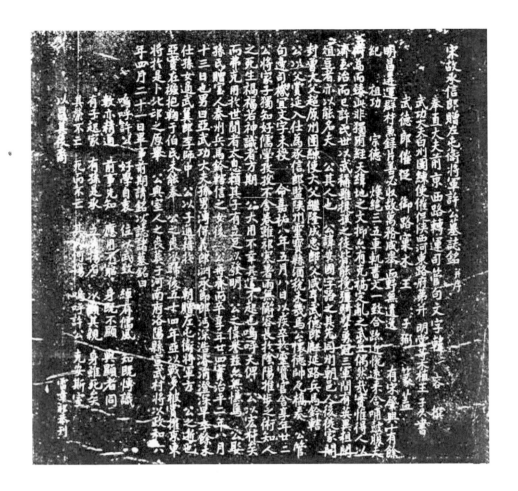

四十二、宋張由墓誌　政和八年（1118）閏九月十一日

宋故將仕郎、梧州司戶曹兼司録刑曹事張公墓誌銘 /

朝議大夫、顯謨閣待制致仕、長安縣開國伯、食邑七百戶、賜紫金魚袋彭汝霖撰。 /

姪壻承事郎、試太常少卿李綱書。 /

姪朝奉郎、守侍御史樸篆。 /

神考皇帝熙寧丙辰，登四海之士試于禮部，公被薦開封。公之姪知常今為直龍圖閣、淮南 / 轉運使，余之兄公濟泊余同預鄉書會于京師，士類榮之。公濟遊舒王之門，日進于道。公翱 / 翔太學，名聲籍甚。龍圖公後生可畏，超然若不可及，皆非余所逮也。龍圖後七年乃賜第， / 公大觀二年恩牓特奏名，公濟自春官再下歸，不踰年而卒。余之不足，迄未能忘。今公復化 / 去，竊有感焉。公由，字斯道，世為饒之德興人。曾太父曰宣，故不仕。大父偕，故任大理評事。 / 父潛，故任通直郎，致仕。母葉氏，封壽安縣君。公幼穎悟，書無不讀，為文有氣格。嘗感槩，欲自 / 奮立。久居上庠，月書季攷，常據上游，與故觀文鍾公傅友善。大丞相韓公出判相臺，大 / 興學校，聞二人賢，禮而致之。方事之始，州縣未甚趨向。惟相臺獨盛，四方聞風而至者衆。韓 / 公喜曰：「學校之成，二人之助也。」鍾公方窮困孤立，未有家室，公出己財，為娶陳氏，所以補助 / 賙給不特是也。鍾公顯達，屢以書招，不往，亦未嘗以毫髮干焉。熙寧中被薦，一試禮部，不售， / 然其志氣略不少沮。尚書右丞黃公履、吏部尚書彭公汝礪益重其才，待以國士。公一日默 / 自惟念二親老矣，諸子皆志于學，相去數千里之遠，切不自安，於是浩然有歸志。二親大喜， / 悉付以家事。張氏德興望族，內外數千指，賓客憧憧，飲食宴樂，無有虛日。承顏撫接，恩意周 / 洽。若內若外，若疎若戚，無有間言。通直公喜曰：「自爾之歸二十餘年，能勤子職，家道以成，甚 / 快吾意。」紹聖四年壽安，又七年通直公相繼捐館。公追慕摧毀，殆無生意。大觀二年，以免舉 / 奏名，授榮州助教、梧州司戶曹糸軍兼司録刑曹事，未赴任。朝廷以八行取士，鄉老首以公 / 為薦，公力辭不赴。未幾，復以是舉公，不獲已，乃赴延請。不數月，即謁告歸。曰：「鐘鳴漏盡，豈復 / 有仕宦意。」政和六年，大禮，龍圖公以奏補恩例回授公。朝廷矜從，仍不用恩例，特授將仕 / 郎。恩出非常，聞者歎美。政和六年十二月初七日，終于正寢。將仕之命，蓋於是日下

而公死，／茲可以言命矣。享年六十有六。初娶程氏，再娶許氏、周氏。子男七人：概、櫃、檍、材、梆、標、橍。長子／概善學自愛，智識明敏，能世其家者也。櫃早卒。材娶安國軍節度使仲理之女，授成忠郎，監／太平州採石鎮，先公一年卒。餘皆秀美可喜。女八人：長適承議郎、潭州儀曹程褒；次適王壽／域；次適將仕郎都崇之；次適文林郎、知襄州中廬縣杜繰；次適奉議郎、管勾成都府長生觀／程昇；次適俊士吳郁；次適俊士程巽；次尚幼。孫男女十人。政和八年戊戌閏九月十有一日／庚申，葬于鑄印墩通直墓之左，通直公所授者也。銘曰：／

學者之事，知所以致身，斯可以事君；人子之職，知所以竭力，斯／可以事親。熙寧之薦，殆可得而不潰于成；政和之／思，命既下而不及其身。嗚呼公乎！知其無可奈何耶，不在于人。

拓片首次刊佈于陳定榮：《李綱書丹的宋張由墓誌銘》，《文物》，1986 年第 1 期。

四十三、宋賈氏墓誌　重和元年（1118）十一月一日

額正書三行：宋太令／人賈氏／墓誌銘

宋太令人賈氏墓誌銘／

太中大夫致仕、華原縣開國子、食邑五百戶王得臣撰。／

姪朝請郎、充徽猷閣待制、提舉南京鴻慶宮蔡懋書。／

姪奉議郎、充徽猷閣待制、提舉醴泉觀蔡莊題額。／

夫人姓賈氏，開封人。四方館使、昭州團練使宗之曾孫，贈／左驍衛將軍德政之孫，供備庫使、知嵐州世京之女。初適／太尉王德基之孫殿直注，生子伸，今為承信郎，女二人，早／卒。再適中散大夫蔡公礪，生女二人，亦早世。夫人天資／和孝，恪修婦職。其奉祭祀，雖烹飪滌濯之事必親，終身不／懈。中散公始娶令人蘇氏，令人既歿，幼穉失所。夫人愛／育存撫，悉如己出，恩惠周浹，內外無間言。其子朝請大夫／溥病瘰，日久不痊。夫人燃香捄臂，以求諸神。後苦內障／失明，夫人為之誦經齋素，逮至鍼治，泣涕累日，臨視藥／餌，至捄忘食。慈愛之心，人所難及。嗚呼！可謂賢也已。以夫、／子奉朝請，累封太令人，享年七十三。政和七年十二月初／二日，以疾卒。明年十一月初一日，葬捄潁昌府陽翟縣大／儒鄉東吳村，祔中散公之墓。男二人：溥為長；次曰浩，迪／功郎。女五人：成紀縣主簿王鑄、朝散郎章粹、深州司理錢／景通、儒林郎程允元、修武郎趙士閱，其婿也。孫兒女十一／人。銘曰：／

為婦而孝，為母而慈。享于壽考，／天或報之。以法後世，刻此銘詩。／王宣刊。

宋太令人賈氏墓誌銘

太中大夫致仕華原縣開國子食邑五百戶王□得臣撰

姪朝請郎充徽猷閣待制提舉南京鴻慶宮蔡懲書

姪奉議郎充徽猷閣待制提舉□南京鴻慶宮蔡莊題額

夫人姓賈氏開封人四方館使昭州團練使宗之曾孫贈左驍衛將軍德之孫殿直注生子伸今為承信郎女二人亦早世夫人天資

太尉王德基之大夫蔡公祀雖女一人既殁勿辭失所親夫人愛必親終身不

再適中修婦職其殿公餼饘之事必終身愛為承信郎女二人

和孝悌中散大夫蔡氏令人既殁勿辭失所朝請大夫

懍公始娶令人蘇氏二人亦早世夫人愛必親

育存撫恤如己出恩惠同浹內外無間言其子朝請大夫

薄病癃日久不瘳夫人為之誦經齋素逮至鍼治泣涕淨累日臨視藥餌以求諸神後告內障

饘至於忘食慈愛之心人所難及嗚呼可謂賢也已以夫

失明夫人為之誦香於臂以求諸神後告內障

儒郎女五人成紀縣主簿王鑄朝散郎章粹深州部理錢郎程元膽武郎趙士開其婿也孫見女十一

切郎女五人成紀縣主簿王鑄朝散郎章粹深州部理錢

二日奉朝請明年十一月初一日葬於輯昌府陽翟縣

子奉朝請以疾卒明年十一月初一日葬於輯昌府陽翟縣大梁鄉東吳村祔中散公之墓子男二人溥為長次曰浩迪大

儒鄉東吳村祔中散公之墓子男二人

景通儒林郎程元膽武郎趙士開其婿也孫見女十一

人銘曰

為婦而孝　天或報之

為母而慈　以法後世

享于壽考　刊山銘詩

王宣刊

四十四、宋張全石函　宣和二年（1120）十一月十五日

　　南瞻部／洲大宋／故西京／壽安縣／甘泉鄉／徐陽村／張全造／石函壹／所，旹宣／和二年／十一月／十五日／了畢，謹／記。／

　　孝男張恭建立。／

　　石匠人平陽府／馬僅

　　并男靖。

四十五、宋陳彥輔墓誌　宣和四年（1122）十二月二十日

額篆書：陳公佐墓銘

宋故陳公佐墓誌銘／

臨川吳賀撰，鄒建中書篆。／

仲尼有言曰：「善人吾不得而見之，得見有恒者，斯可矣。」蓋歎善人／之難得也。臨川有善人焉，姓陳氏，名彥輔，公佐其字也。曾大父諱／延德，大父諱丁，父諱宗諤。陰功隱德，及人多矣。謝無逸為作墓表，／自足傳不朽，此不復道也。公少孤，事母盡孝。養志而無違，性／品柔善，未嘗發囂惡語。下至牛馬走，亦不見其恚怒也。汪革伯更、謝逸／無逸學行為識者所器，詩文工虖，不減坡谷，而谷亦嘗稱為天下／奇才。公能招致舘下，訓迪子弟，使得卒所學。陳為郡著姓，累世富／厚，而公輕財樂施，能人所難。然牽拎多愛，不能計奇贏，道釋所湏，／歲不知其幾也。加之惕惕奉公，惟恐不及，皂／隸踵門，曾無虛月。用是財匱而貧矣。公居富盛，謙退和雅，未嘗以／富驕人。及其貧也，亦不悔前作，而好善之心皎如也。可謂固窮者／歟！於宣和二年十一月十二日寢疾而逝，享年五十二。以四年十二／月乙巳，葬于新豐鄉塔坑保。娶徐氏，生男二人：長曰惇信；次曰惇／禮。惇禮余子壻也。女適江羙，其一尚幼。嗚呼！余識公於富盛之時，／既貧之後，方為姻家。蓋余之所取者人也，非貧富也。銘曰：／

孝弟為本，恭順為先。知賢能舘，積財能散。富而不驕，貧亦不怨。／宅心維何，孳孳為善。彼蒼者天，昭鑒非遠。

宋故陳公偁墓誌銘

臨川吳賀撰鄒彥中書篆

仲兄有言曰善人吾不得而見之得見有恒者斯可矣蓋嘆善人
之難得也臨川有善人焉姓陳氏名美輔公佐其字也嘗大父諱
延德大父諱丁父諱宗誨隱德及人多夫謝無逸為作墓表
足傳朴此不復道也公必孤事毋盡孝養志而與達性品柔
善夫嘗發濟惡語下至牛馬走亦不見其惠怒也汪革伯更謝逸
無逸學行為識者所器詩文工慮不咸破谷而嘗稱為天下
守于朝招致館下訓迪子弟使得辛所學陳為鄒者姓累世富
□而朴朴升樂施能人所雖失辛於多愛不能計可臝道釋所須
歲不和其幾也同急又不知其幾也加之惕惕奉公惟恐不及皂
隸蓬門曹無虛月是用財遺而頁矣公居富咸遠退和雖未嘗以
富驕人及其貧也亦不悔前作而好善之心敗如也可謂固窮者
歎於宣和二年十月十二日寢疾而逝享年五十二以四年十二
月乙丑葬于新豐鄒墳坑保婆徐氏生男二人長曰惇信次曰惇
禮惇禮余子壻也女通江美其一尚幼嗚呼余識公茲富咸之時
既貧之後之方為姻家蓋余之所取者人也此非貧富也銘曰
妻弟為本為娶順為先知賢能館積財能敏富而不驕貧亦不怨
宅心維何孝慈為善彼蓍者天昭鑒非遠

四十六、宋楊珂墓誌　宣和七年（1125）十二月二十三日

額正書：宋故楊君墓誌銘

宋故楊君墓銘／

楊君諱珂，高祖諱仕安，父諱友惠。君之生居臨江軍新淦縣，／鄉貫登賢，榮名里桂源人也。出於大族，宗枝縣遠。君之為／人廉直幹家，明白有方。来耜東皋，餘積娥蚕。厚獲豐盈，／榮家万計，公道百端。生涯浩浩，聚斂齡齡。明道藝篤，忠孝敏念，／饑貧喻孝。舟航欽，崇道釋。念□齋戒，施財廣布。津梁四方，遍／有法相。接識朋友，追陪親戚。樂道問聞，名譽遠傳。豈期君之／俄然染於小疾，服餌求神，全然弗効。屆尓周年，天不祐善。偶於／宣和七年十一月初六日掩終旹壽，享年四十八歲。君之父先／汝，仲春傾逝。汝於父之後，仲冬而卒。族人長幼涕泣鴈叙，斷／續空悲。未盡事父之道，有缺無違之義。君娶當里隴西李／氏為妻，撫育螟蛉以継。後嗣二人：長曰卓，娶隴西李氏；次曰□，／娶天水龍氏。女孫二人：長曰亥姑；次曰蝦俚。男孫未孕。卜於當年／季冬十二月二十有三日庚申吉旦，殯於小桂林之源，壬向之塋。／秀水名山，千崗万嶺。龍驤虎踞，先富後貴。二子叩泣請□其銘，銘曰：／

英侯享壽，四十八春。／殯於桂林，廕子益孫。／東魯鄒仕卿奉撰文，刊石楊琜。

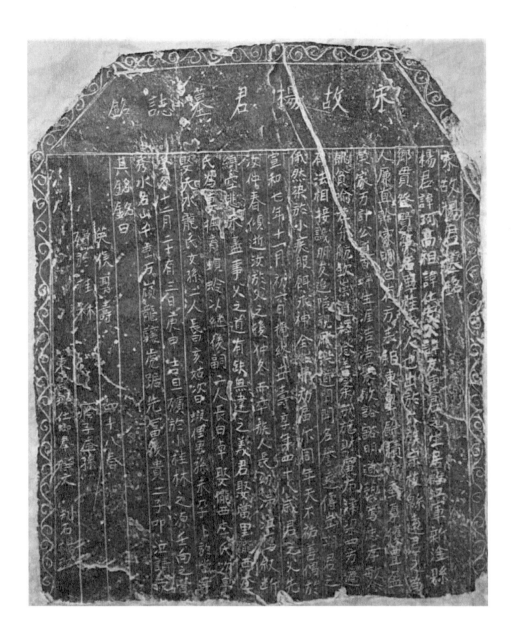

四十七、宋楊珂地券　宣和七年（1125）十二月二十三日

額正書：殁殂楊府君地銘唁

維皇宋宣和七年乙巳十二月朔二十三日庚申之辰，□大宋國江南／西道臨江軍新淦縣登賢鄉榮名里桂源水南中保居住殁／殂亡人楊府君，行年四十八歲。行不擇日，出不擇時，暫向後園□□，／路逢仙人次酒，因醉迷而不返。尅日安曆，今用銀錢九万九千／九十九文九分，扵武夷王邊買得地名小桂保南山壬向地一穴。其地東／止甲乙青龍，南止丙丁朱雀，西止庚辛白虎，北止壬癸玄武。四域之內，永屬／亡人万年居住之處。保見人張堅故、李定度。已上四止分明，上止皇天，下止皇／泉。誰為書，水中魚。誰為讀，山中鹿。鹿上高山，魚入深潭。居在何處，入／深山。東王公，西王母為證知，山河為誓。千秋万歲，永無姦咎。敢無／邪精，伏狐万里。子孫百神，咸享元吉。殁殂亡人楊府君在生之日，／運得行喪衣物，墓中將軍土地不得妄有爭占。急急如律令，勅。／詩曰：克勤克儉，父沒令名。殁扵此景，子孫昌榮。／岩㟋山色，潺潺水聲。千秋万歲，永作佳成。

四十八、宋周三十三郎墓磚　　靖康元年（1126）

懷仁周三十三郎／葬此，宋靖康丙午，／男義，孫旼、暐、曄記。

四十九、宋陳大醇墓誌　靖康二年（1127）十一月十一日

額篆書：陳居士墓誌

宋故陳居士墓誌 /
男傑泣血撰并書。 /
宣教郎、饒州樂平縣丞鄒楊篆蓋。 /
承奉郎、前越州士曹陳植填諱。 /

小子泣血而書曰：我先人陳氏諱大醇，字元應。曾大父文順，大父 / 益，
父伯虞，世為著姓，皆以儒業傳家。其先袁州宜春人，因五季而 / 徙居豐城
港口，已八世。先人生扵熙寧元年之戊申，没于宣和 / 七年之乙巳，享年五
十八。温慈淳厚，發自天成。語必由衷，不妄喜 / 慍。迄于壯年，嘗遊太學，
首尾數載，進取不第，蹭蹬而歸隱於鄉。常 / 以學業訓其子姪，而扵晨夕間
手不失卷，孳孳勤苦，雖祁寒盛暑 / 未嘗少懈。自歎曰：「生逢太平，我之才
學不遇士大夫，身之不幸也 / 如此。」扵是乃息心休慮，以居士自號曰「净
信」。以釋氏為尚於人，我 / 未嘗諍也，惟小子不能盡述其志。娶黃氏，同邑
通直郎朋之女，生 / 子三人：傑、伸、倬。女二人：長適進士周維直；次許黃
龜年。男女孫二 / 人。以丁未十一月丁酉葬于宣風鄉期塘里東坑源劉家崗，
宜有 / 誌以遺於後人。嗚呼！銘之不可以失實也。顧惟淺陋，不可以飾親 /
之美而必扵信傳，故傑泣血而書，以紀其實云。謹識。

陳居士墓誌

宋故陳居士墓誌

宣教郎皖州樂平縣丞鄰水鄒陳植
丞奉郎前越州士曹陳植

男　傑　泣血撰并書
棣　填諱
篆盖

小子泣血而書曰我先人陳氏諱大醇字元應曾太父文顺大父
承父偁廣世為著姓皆以儒業傳家其先袁州宜春人因五季而
從居豐城港口己八世先父生於熙寧元年之戊中没于宣和
七年之乙巳享年五十八溫慈厚發自天成語必由衷不妄喜
慍迓于壯年嘗遊太學首尾數載選取不第蹭蹬而歸隱於鄉常
以學業訓其子姪而枕晨夕聞手不釋寒孳孳勤苦雖郁寒盛暑
未嘗少懈自嘆曰生逢太平我才學不遇王大夫身之不幸也我
未嘗詭北惟是刀息心休慮以居士自號日净信以釋氏為尚於人
如此狀惟三人傑郭俸女二人長適進士周雄直次許黃龜年男女孫二
人名于未十一月可葬英手道風鄉期塘里東坈源劉家崗宜有
談馮邁歿後人鳴呼瑤琭之不可以失實也顧唯淺陋不可以飾親
之美而必祐俗德歟傑泣血而書以紀其實云謹識

五十、宋高氏墓誌　紹興九年（1139）九月七日

額正書：高夫人墓

□□□墓誌 /

鄉貢進士蔡拱辰撰。 /

右從政郎、邵州新化縣丞蔡運書。 /

左宣義郎、特差權通判鄧州軍州兼管內勸農營田事、借緋魚袋饒廷直題蓋。 /

紹興八年正月庚子，东郡吳万朙一之妻高氏卒，以明年九月甲申葬于撫之金谿县帰徳鄉金石原。 /來請銘曰：「吾妻將祔扵先墓之西，念所以厚其窀□而不與世磨滅者，願有紀也。」余謝不能而不聽，則 /為之論次。高氏自恭□以来，遠有世序。其後有居□陵者，出吳丹陽太守瑞芝後，夫人七世祖遷居臨 /川。曾祖舉，祖賢，父宏，皆有潛德。夫人在室，以令淵□。□廿四，歸明一，以事父母之孝事舅姑。吳氏聚族 /數百指，緦麻同爨，夫人以恭肅勤儉主其祭饋。德□□族冠，理家有常度，飲食服飾不至侈汰，而烹飪、 /縫紐必以精絜。惟歲時祭祀務極豐厚，閨門悉□□□。朙一廣先疇故廬倍他日，家益富饒，夫人之力 /居多。諸子就傳訓勵，嚴誓造次，必扵學□。□其夫食蔬而衣布，則曰：「此古人以儉為德，而享之常安者 /也。」見其子種學而績文，則曰：「此古人以□□立門戶而顯親，不過是也。」姑夫人李氏，明一之繼母也。夫 /人事之，曲折順適其意，所欲不求而獲。間曰其家之日計有餘，則必具肴設醴于堂上曰：「姑老矣，惟是 /不可不勉。」姑有前夫子從適吳氏，夫人為之娶婦擇良配，資遣之。既而皆物故，有孤遺，夫人撫育教誨 /如己子。朙一所以能事其繼母無違者，夫人實相之。紹興七年五月，姑亡，夫人涕號毀瘠，日無慘頼。坐 /是，感疾不愈，未嘗戚戚於胷次，卻醫告其夫曰：「異時經理生事，夙夜無倦色者，以姑在也。今姑既亡，吾 /瞑目無憾矣。」臨終，神色不怖，其言多可聽，享年五十。子興祖，有學行知名；興仁，亦嶷嶷有立。壻高翬。孫 /男鋒。銘曰： /

恭肅勤儉，閨門表率。屬纊不亂，雲轉飄忽。儲善流祉，子孫逢吉。 /金石之原，佳城鬱鬱。百世之後，山夷石出。神物護之，此刻不没。

五十一、宋羅幸傅地券　紹興三十二年（1162）閏二月一日

額篆書：地券

維皇宋紹興三十二年歲次壬午，属撫州崇仁縣奥／村，羅七居士諱幸傅，字宗道，以疾于寝。居士生於元豐／己未，死於辛巳十二月二十一日也，享壽八十有三。娶張氏，生／男二人：長曰天智；次曰彦英。夫人生於庚申，死於壬午年閏／二月初一日，享壽八十三。存日於宅西畔，用錢万万貫，兼／五色綵信弊，於開皇地主边買得陰地一段。乹山巽／向元辰，巽水潮歸艮長流。東止甲乙，南止丙丁，西／止庚辛，北止壬癸。上止皇天，下止黃泉。四方勾／陳，分掌四域。丘丞墓伯，對步分界側。道路／將軍，齐整千陌。千秋万歲，永无殃厄。若有／干犯訶禁者，將軍亭長，収付河伯。今日四止／之内，並属亡居士所管。用工修營安厝己后，永保／休吉。知見人歲月，保見人今日直符，／書契人天官道士。吉氣邪精，不得干占。先有居／者，速去万里。如違此約，地府主吏自當甘罪。内外／存亡，悉皆安妥。急急五帝信者，准女青律令。

維皇宋紹興三十二年歲次壬午屬撫州崇仁縣奧
村羅七居士諱幸傳字宗道以疾于寢居士生於元豐
己未殂於辛巳十二月二十九日也享壽八十有三娶張氏生
男二人長曰天智次曰彥炎夫人生於庚申殂於壬午年間
二月初一日享壽八十三存月於宅西畔用錢九万貫買
五色綵信幣於開皇地主边買得陰地叚乾山巽
向元辰巽水潮艮長流東上甲乙南止丙丁西
止庚辛北止癸上壬皇天下止黃泉四方勻
陳分掌四域丘丞墓伯對步分界側道路
將軍齊整千陌千秋万歲永无殃咎若有
干犯訶禁者將軍亭長收付河伯今日已止
之內並屬　亡居士所管用土於蒡官安厝已后永保
休吉　　知見人歲月
此契於天官道士　吉豪邪精不得干占先有居
著速去万里如違此拘地府主吏自當甘罪內朴
存亡悉皆女妥惹惹急急如律令

五十二、宋陳三承事地券　隆興元年（1163）四月一日

　　維皇大宋國江南西道建昌軍南城 / 縣藍田鄉礼教里夏葉保居住歿故 / 陳三承事壽六十三歲，於辛巳年十一月 / 初乙日化丗。今用錢九万九阡九百九十 / 九貫文足，就開皇地主边買得陰地 / 一穴，地名于坊甘棠原□。其地乹亥發龍，/ 正作亥山丁向。東止甲乙，南止丙丁，西止庚辛，/ 北止壬癸。上止青天，下止黃泉，中□亡人塚宅。/ 在生之日所置得行裝、衣物、棺木并五穀倉、/ 栢人等，今立此地契，前去冥司照證，不得有 / 人等有爭占。如有人有爭占，分付青衣童子先斬後奏。急急如律令。國號隆興元 / 年肆月初乙辛酉朔立。/ 證見人張堅固，保人李定度，書人赤松子。

五十三、宋李二娘地券　乾道五年（1160）十一月二十一日

維皇宋江南西路建昌军新城縣旌／善鄉逢時里象岸上保李氏二娘，本命／壬申生，七十八歲，今年四月初九日命歸泉道。／就土名中舍卜佳城，用錢二千貫於開皇／地主边買得陰地一穴。离山癸向，元□／乾承辛接。其地東止甲乙，南止丙丁，／西止庚辛，北止壬癸。上止皇天，下止黃／泉，中建亡人万年塚宅。保見人張坚固，／書人李定度。四方龍神各不得争占，／橫道將軍前來先斬後奏。奉／太上老君勑，急急如律令。国号／乾道五年歲次己丑十一月二十一日，契。

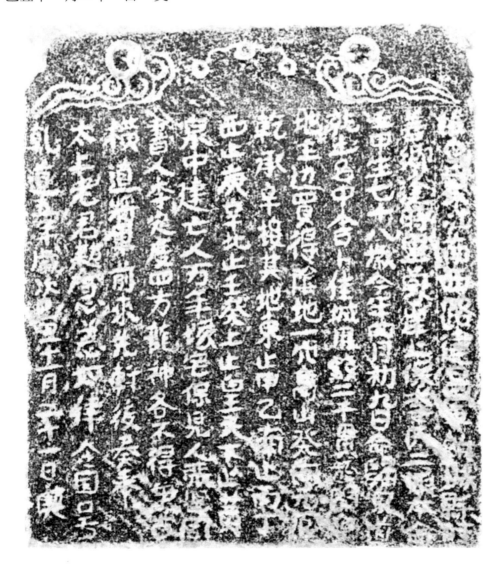

五十四、宋鄭三十五娘地券　乾道六年（1170）二月九日

　　維皇宋乾道六年歲次庚寅二月／壬午朔初九庚寅日，江南西路建昌／軍新城縣旌善鄉逢時里鶴源保／亡人鄭氏三十五娘，丙戌十二月初三日／申吋降生，享年六十四歲。昨於己丑／年十月初八庚寅日，忽因冥遊，遇逢／東王公、西王母，賜壺中美酒，醉而／不返，沒落黃泉。生居閻浮，死安／宅兆。以今歲次庚寅，雖當二月，尚係正月戊寅月節氣。於初九庚寅日／戊寅時龜筮協從，相地襲吉。宜於夲軍本縣本鄉尚賢里九源保安厝宅兆。謹用銀錢一萬貫文，並／五綵信幣等物，就皇天父、邑莊主／边買得前項地名九源地一穴。癸作／坤山，行龍坐寅向甲。東至甲乙青龍，／南至丙丁朱雀，西至庚辛白虎，北至壬／癸玄武。內外勾陳，分掌四域。丘丞墓伯，／分斷界至。道路將軍，齊整百里。千／秋万歲，永無殃咎。地主張堅固，保人／李定度。見人功曹，書人主簿。立地／□□券，永爲□□。

五十五、宋王次山壙誌　乾道九年（1173）三月五日

宋故龍圖少卿王公壙誌 /

公諱次山，字晉老，濟南長清人。曾祖諱异，中散大夫、直史館，贈太師。祖諱宿，朝奉郎、/武學博士，贈正議大夫。父諱衣，右中奉大夫、尚書刑部侍郎，贈少師。母何氏，贈魏國 / 夫人。崇寧二年正月六日生，蚤游太學，繼舉進士，與京東漕薦，復試刑法官，中第二 / 名。宣和四年冬，以少師任朝請大夫，通判襄慶府。遇郊祀，始命將仕郎，累階右中 / 散大夫，職直龍圖閣，爵歷城縣開國男，食邑三百户，賜緋魚袋。歷任峽州司理糸軍、/ 夔州路轉運司主管文字。特起復兩浙西路、江南東路制置使司幹辦官，監潭州南 / 岳廟，荊湖北路提點刑獄司檢法官。改除大理評事，不赴。被召，改除提舉福建路 / 常平茶事。入對，除尚書刑部郎中兼重修勑令刪修官。累請祠，不許。遷大理少卿，/ 致事，除直龍圖閣。乾道九年正月十八日，以微疾終于官舍正寢，享年七十一。以其 / 年三月五日，葬于會稽縣五雲鄉石艦里蓊山，從少師之塋。娶李氏，封令人，同里右 / 迪功郎、筠州上高縣主簿諱蓋之女。子男二人：延沖，右文林郎、邵武軍邵武縣丞；延 / 俊，右迪功郎、新漳州司法糸軍。女一人，早卒。孫男二人：保大，將仕郎；方大，登仕郎。女 / 一人，早卒。諸孤忍死泣血，謹述出處歲月大略，而納諸壙云。

宋故龍圖少卿王公壙誌

公諱汝山字晉老濟南長清人曾祖諱□中散大夫直史館贈太師祖諱宿朝奉郎

武學博士贈正議大夫父諱衣右中奉大夫尚書刑部侍郎贈少師母何氏贈魏國

夫人崇寧二年正月六日生蚤游太學繼舉進士與京東漕薦復試刑法官中第二

名宣和四年冬以少師任朝請大夫通判襲慶府遇郊祀始命將仕郎累階右中

散大夫職直龍圖閣爵歷開國男食邑三百戶賜緋魚袋歷任峽州司理參軍

夔州路轉運司主管文字特起復兩浙西路江南東路制置使司幹辦官監潭州南

嶽廟荊湖路提點刑獄司攛法官改除大理評事不赴荊湖南路提點刑獄司攛舉

法官再任湖北路通判全州紹興府知南劍州筠州奉召改除提舉福建路

常平茶事入對除尚書刑部郎中兼重修勅令刪修官累請祠不許遷大理少卿

致事除直龍圖閣乾道九年正月十八日以微疾終于官舍正寢享年七十一以其

年三月五日葬于會稽縣五雲鄉石䚡里翁山從少師之塋娶李氏封令人同里右

迪功郎筠州上高縣主簿諱巍之女子男二人延仲右文林郎邵武軍邵武縣丞延

俊右迪功郎新漳州司法參軍女一人早卒孫男二人保大將仕郎方大登仕郎女

一人早卒諸孤忍死泣血謹述出處歲目大略而納諸壙云

五十六、宋李詢墓誌　乾道九年（1173）十月二日

額篆書八行：宋故 / 武功 / 大夫 / 東南 / 弟六 / 將李 / 公墓 / 誌銘

宋故武功大夫、東南第六將李公墓誌銘 /
左承奉郎、守秘書省秘書郎王卿月撰并書。 /
左奉議郎、著作佐郎兼國史院編修官、實錄院檢討官木待問題額。 /
保塞舊隸莫州清苑縣，周世宗尅復山南十縣，清苑其一也，國朝太平興
國中始為保州。 / 李氏夲出中山，為拓跋魏世盛族，子孫蕃大，家扵保塞為
多。五季以來，世譜散亡，其詳不可 / 攷，自公而姓始著。公而上數世居于
邊徼，便射御，以武勇相贊，邊民恃之以安。公諱詢，字師 / 正。公之父曰
簡，性雅好讀書，通陰陽星緯之學，醫藥卜筮咸精焉。用其子陸朝，恩封太
子 / 左清道率府率，改贈武經郎。公之大父曰緯，以材武補官，為中山押
隊，終扵武經郎，歷滄、□、□ / 三州都監。公幼鞠于大父，黽勉就學，期
承厥志。靖康之初，遭時多故。公自負其才，欲為時湏， / 始以散祗候班從
京城留守司解圍淮寧，補初命爵。紹興中，以戰功累遷武德大夫。乾道中，
 / 以年勞累遷武功大夫，歷任江州、鎮江步司諸軍正將。已而，求解軍職。
朝廷以公服戎且 / 久，勳力備著，特改授東南第六將。乾道九年五月癸巳，
以疾卒于官，享年六十有九。公蒞事 / 廉直，衆所憚服。然恥扵阿諛，故主
將少所甄拔。在戎馬間，首尾逾四十年，未嘗一日廢學。□ / 詩及左氏，博
通古史，下逮國朝故實靡不備究者，而□易尤喜誦華嚴、圓覺佛書。每以詩
 / 文教授子弟，則終夕不知倦。平時不治生業，嗇扵奉養，□得俸餘，惟贖
書市酒而已。公三子： / 可久、可大、可行，以世賞襲爵而皆業儒。可久扵
乾道龍飛，眷以武舉異等，廷試第一。 / 卿月與之有同年契，每相與握手論
兵，則斷斷皆有指歸。□所自得，則曰：「此吾家君之緒餘 / 耳。家君幼隨父
祖歷官于邊，長而從戎，凡得於耳目之見聞，與夫所以躬當者，則吾不得□
 / 傳也。」一日，出示公所為詩數十百篇，然後服公為全才。而以不及□公
之面為恨，以□□□ / 議論落落，過人遠甚。且自謂得公之緒餘，則公胷中
所有者，詎淂而擬議之。□公平生韜奇 / □珍，義之所守，至老益壯，而
鼎彝竹帛之所紀無聞焉，有志之士固不能不歎息□□。諸孤 / 將以今年十
月辛酉，歸葬于山陰之原，囑余為銘。余與公之子厚，義不可辭。□□銘之
曰： /

　余懷廣望，公有顯聞。永言初志，惓惓斯文。犬羊方驕，肆□□□。／卷舒惟時，不瑕有芬。於昭継志，厥有良嗣。藏銘茲事，□□□事。／

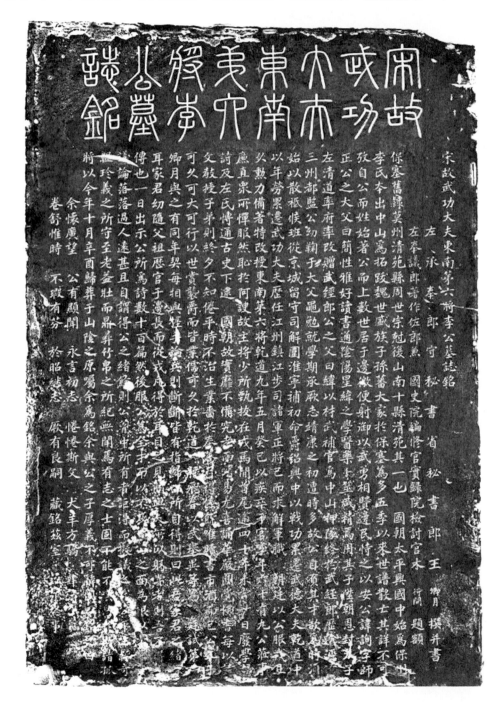

五十七、宋徐氏墓誌　淳熙元年（1174）三月十五日

額正書：宋故徐氏孺人墓銘

維皇宋撫州臨川縣招賢十四都住／□饒行倫妻室徐氏孺人□，年三十二／故。歲癸亥生，卒於淳熙元年三月十日，寢／疾卒。有子一人。乃於十五日壬寅，卜葬／于豐城縣富城鄉地名□□山／曰艮山頭坤申向地一穴，於亡人受用。／四止内並亡人万年家□。穴下所有／前亡君子，後化女人，並爲隣里。伏／尸故嚚，不得妄来争占。急急如／太上律令。保人張堅固，見人李定度。／時淳熙元年三月十五日記。

五十八、宋胡念一娘地券　淳熙七年（1180）二月十四日

額正書：地券

維皇宋淳熙七年二月一日癸未／朔十四日丙申，即有大宋国撫／州臨川縣長安鄉奉章里藍溪東坑保／□亡人胡念一娘，享年六十九歲。不／倖於今月初七日，俄作大夢。今用銀／錢七千貫，於開皇地主位下買／得靈山龍坐巽作辛向陰地一穴。左／至青龍，右至白虎，前至朱雀，後至／玄武。上至青天，下至黃泉。中有一／穴，永作亡人万年塚宅。蔭無休，誌記。／牙人張堅固，保人李定度。／書人陽道天師。

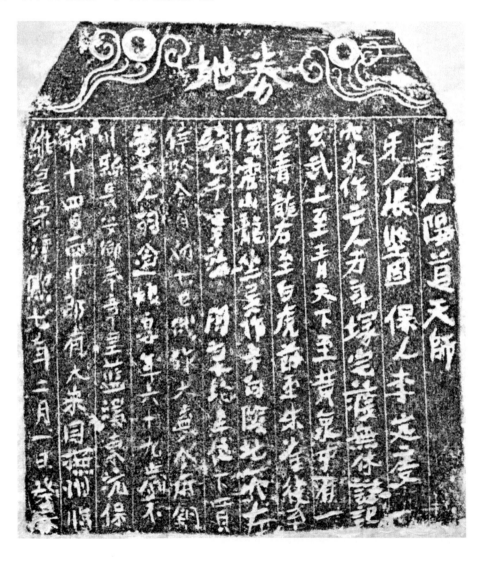

五十九、宋周□柔墓記　淳熙九年（1182）十一月十七日

額隸書四行：宋故／周氏／孺人／墓記

　　吾婦周氏諱□柔，同□鳳舞里人也。高祖諱熙，崇／寧時行三舍法，郡校□貢辟雍，授迪功郎，為吉州司／征。曾祖師古，祖澧，父□之，居鄉皆以善人稱。婦生於／開禧乙丑十二月之己巳，踰晬而失怙，鞠於外家黃／夫人。逮外姑鄒夫人歸于外舅，乃還膝下。外姑教養／撫恤如己子，使致成人，携持保護之恩洪矣。既笄，歸／于我。事上以恭，處妯娌以和，御臧獲以恩，內外斬斬／無間言。天性勤儉，喜紉績，親蠶桑，持家無妄用，安貧／守分，相敬如賓。充連歲館穀於人門，每歸必以隆師／親友力學為勉。顧充未有所成，甚負期望。淳祐七年／秋，驟得疾，迎醫訪藥不效。弟舅士元寔來問候，居／二日，言笑如平時。及別，無緒言遺令，忽溘然而逝，時／八月癸巳也。嗚呼！夫婦之義，詩言偕老。天不相予，奪／予賢婦於中道。痛哉！得年四十三，生男一人，曰廣惠。／女二人：長許嫁熊政，未行；次尚幼。又二年冬十一月／甲申，謹奉柩葬于所居喬峯原之麓。夫以內助賢行，／法宜得銘。顧子方入小學，未能請於聞人，謹誌行己／大畧及歲月，納諸壙云。夫吉州州學學諭黃充謹記。

宋故周民孺人墓記

吾婦周氏諱奇彔同㲩舞里人也高祖諱熙崇
冑時行三舍法郡校書辟雍授迪功郎為吉州司
征曾祖師古祖禮父□□居鄉皆以善人稱婦生於
衛紹乙卯十二月之己卯踰時而失恃鞠於外家黃
夫人遠外姑鄰夫人歸于外舅乃還勝下外姑教養
于我事上以恭藝紬種永和御臧獲以恩內外斬斬
無倫言天性勤儉喜絢繡鸞桑持家無妄用安貧
守分相敬如賓荒如人門每歸公以隆師
親友力學為勉顓充未有所成甚貞寅期望淳祐七年
秋聚得疾迎醫訪藥不效弟士元寅來問候居一
二日言笑如平時及別無緒言遺令忽遽然而逝時
八月癸巳也嗚呼夫婦之義詩言偕老天不相予奉
予賢婦恭中道痛哉得年四十三生男一人曰廣惠
女二人長許嫁熊政未行次尚幼又二年冬十一月
甲申謹奉柩葬于所居喬峯原之麓夫以內助賢行
法算傳銘顧子方入小學未能請於閭人謹誌行己
大暑反歲月納諸壙云夫吉州州學學諭黃堯謹記

六十、宋周栴墓誌　慶元四年（1198）十一月十六日

額正書：故周公墓

故周公墓誌銘／

里人戴舜區撰并書。／

公諱栴，晞道其字也。撫州崇仁人，曾大父諱，大／父諱彥昇，皆世世脩德不仕。公賦性慈仁，稟質好善，／樂誦《金剛經》不下數千卷。至扵服田力穡，賑忙邮閭，／感公之德者，咸稽首稱之。娶章氏，生男二人：長曰或，幹／蠱盡道；次曰揖，業儒有聲。女一人，適臨川袁應男。／孫九人：曰待問、待聘、待孝、待取、點、璉、玠、琇，一幻未名。／曾孫五人：鑑、元，三尚幻。女孫二人：長適進士黃鏜，中／賢關選也；次未出適。公生於宣和乙巳，終於慶元戊／午夏四月，无疾而終于寢。噫！非慈仁好善，疇克此哉！／以是季十一月已酉，祔葬于祖赤崗之源。將期，揖／一日過予曰：「先人窆穸有日。」丐予為銘。予於公家相去／无一舍之遙，稔聞公之行，義不獲辤。故為之銘，銘曰：／

善則宜福，仁則宜壽。公於二者，德旣帰厚。／若善若仁，惟天之祐。又何畀之，克昌厥後。

故周公墓誌銘

里人戴　　撰并書

公諱梅聘道英字也撫州崇仁人曾大
父諱差異皆世脩德不仕公賦性岗仁稟實忙卿閏善大
樂公之德者咸擅首極之賢女一人生男二人長曰應男
幹盤盡道次曰輯業儒有孝章一點璉臨川人長曰咸中
孫九人曰待問待聘待拳取女一人適進士黄豐幼尤名
曹孫五人也欤米出適公生孫二人長珎適終於元夔戊
賢開邊也次米無疾而終于祖基非赤岡仁好善源公將一
以是季四月一月已酉祔葬于　　岗之故英德既昌庶後
日過子日先人宅安有日丐予為銘　　家相揖去一
无一舍之邁稔間公之行業不獲一辭者　　克昌庶後
若善若仁惟天之祐天何鼻之

六十一、宋李十九承事地券　嘉定十三年（1220）八月二十七日

額正書：日月

　　維皇宋太歲庚辰加定十三年八月二十 / 七有甲申，大宋國江西路建昌軍南城縣 / 雅俗鄉長安里杉嶺保歿故李十九承 / 事，享年八十三歲。不幸与本年正月十 / 四日命終世壽，迴別人倫。卜其宅兆，本 / 音□水對岸爪□震山行龍，寅艮入穴。 / 作坤向乹，亥水入口，元歸巳巽長流九。 / 山環水朝，嶺為界，悉封塋之所有。四止 / 魑魅魍魎不得干犯亡人魂或，山神地 / 祇常揖之，護祐永得安寧。今將地券于 / 墩之□栢人司之，急如律令。山中鹿得見， / 書人水中魚。孤哀李端莑泣血立。

六十二、宋史世瑤墓記　嘉定十四年（1221）二月三十日

額正書：宋故四十五承事墓記

公姓史，諱世瑤，字仲美，饒州餘干大慈南坑南里人也。父諱時發，世守箕裘之葉。公／於紹興二十一年辛未六月十二日丑時建生，娶周氏。公自生世以來，有德可紀者乎！操修／古朴，稟性純柔。言不乱發而礼不乱行，事無輕舉而色無輕惕。鄰和族睦，孤恤貧怜。飢／饉之歲，出粟以相資；艱儉之月，貸金以周急。自齊家之有法，乃幹蠱之何勞。春秋令／耕耨，勿失其時；晨夕使桑麻，勿閑乎手。公庭不撓，稅貫常輸。旣有百畝之高腴，又／刱兩區之新宅。孫姪延師儒之教，閨門肅孝悌之風。祖宗乃継於長齋，僧道常修於／清供。晚景入白蓮之會，弥年歸四果之因。屏去是非，存乎慈愛，斯謂德也。里人咸稱曰／一鄉之善士焉。男三人：長大言，娶邵氏，先公十二載而卒；次大椿，娶彭氏；三自幼螟蛉，周才／續嗣。女五人：長適邵如珪；次適周才；三適鄒時道；四適李玲；五適張子聰。孫男七人：忠立、忠誠、／忠文、忠信、如山、如圭、田哥。孫女六人：長適霍子盛；次適盧之邵；三適許聰；餘在室。曾男／三人：子哥、周哥、辰哥。曾女孫二人，俱在幼。公享年七十歲，不幸於皇宋庚辰嘉定／十三年六月初九日而殞。公生前卜壽穴在家山之側，地名許家源口。震山行龍，丑艮／山出，面作坤穴。坤申水來，潮歸辛戌，長流之地。是年山向不利，取次載辛巳嘉定十四／年二月三十乙酉日而葬焉，誠吉卜也。嗚呼！／

高堂寂寞人古矣，天長地久難盡矣，掘地及泉難見矣，／故書歲月刊石矣。

孝男大椿等泣血謹記。

宋故四十五承事墓記

公姓史諱世瑤字仲美饒州餘干大慈南之南里人也父諱□□裘之美公

於紹興二十一年辛未六月十二日丑時建生此周氏公自生世以來有德可紀者守操修

古朴稟性純素言不亂發而礼不亂行事無輕舉而芒無輕邁鄰和族睦孤恤寡怜飢

鍾之歲出栗以相翼難儉之月貸金以周急自齊家之有法乃幹蠱之何勞春秋令

耕耨勿失其時晨昏勿閒平手公庭不撓栿貫常輸既有百畝之高畉又

荊兩區之新宅孫廷師儒之教閨門蕭茅憶之風祖宗乃繼於長稚憶道常修於

清慊晚景入白蓮之會弥年歸四果之因畢去是非子慈愛斯謂德也里人咸謂曰

鄉之耆士焉男二人長耆奧邸氏先公廿二載而卒次大椿聚姜氏三自幼娛蛉周才

續關女五人長適邸鄴次適周才三適李玲五適張才聰孫男七人忠立忠誠

忠文忠信如山娃田哥孫女六人長適霍子盤次適盧之邸三適許聰餘在室曾男

三人哥周哥辰哥曾孫二人俱在初公享年七十歲不幸於維皇家庚辰嘉定

十三年六月初九日而殞公生前卜壽穴在家山之側地名許家源口震山行龍辰艮

山出面作坤亢坤申水來潮歸辛巳長流之地是年山向不利取次載辛巳嘉定十四

年二月二十乙酉日順葬焉誠吉卜也嗚呼

高堂寂寞人古矣　　天長地久難盡矣　　捫地及泉難昆矣　　　孝男　　大椿　竿　　泣血蓮記

故書歲月刊石矣

六十三、宋周氏墓記　　嘉定十四年（1221）十一月五日

額正書三行：故周氏／小一孺／人墓記

氏姓周，父諱彥武，故不仕，饒州餘干大慈南中興里人也。氏生於紹興二／十一年辛未四月，忘時日建生。年箕，適於本里史四十五公諱世瑤，字仲美，先／氏一載而卒。氏自歸于史門之後，素全淑德，夙著婦儀。閨門之內，孝順為先；／親眷之中，愛憐有自。奉翁姑而不怠，矜貧寡以常周。宵爾索綯，晨斯幹／蠱。持乎箕帚，力於桑麻。鎡基而勤苦立成，田園而艱難曡就。飢者飼之以／飱，寒者助之以衣。善意處家，慈心愛物。有子及孫，令親於詩禮；自高致下，皆／溫以言談。春色融和，月華明皎。在堂常誨曰：「爾諸後生非惟今日爰居爰處，／乃氏夫婦自昔克儉克勤。可踵前規，以貽後世。」其洞曉如是矣！咸稱曰賢婦焉。／氏生男三人：長曰大言，娶邵氏，先氏十二年而卒；次曰大椿，娶彭氏；三自幼螟蛉與／周才續嗣。有女五人：長適邵如珪；次自幼螟蛉與邵霖為女，適周才；三適鄒時道；／四適李玲；五適張子聰。孫男七人：忠立、忠誠、忠文、忠信、如山、如珪、田眞。孫女六人。／曾男孫三人，曾女孫二人，俱在幼而未名。氏享年七十有一歲，不幸於辛巳嘉定／十四年七月初五日而殞。是年，卜地在家山之外，艮山行龍，作丁向巳。丙水來潮，／歸戊乾之地。取十一月初五日乙酉而葬焉，誠吉卜也。嗚呼！梧桐落兮秋雨／淒，人生別兮世事非。玉容古兮恨不歸，高堂寂兮雨淚垂。天長地久兮無／盡期，故書歲月兮刊于碑。

孝男大椿等泣血謹記。

六十四、宋吳氏墓記　　寶慶二年（1226）五月十九日

額篆書四行：宋孫／夫人／吳氏／墓記

宋孫夫人吳氏墓記／

夫人姓吳氏，世屋撫州崇仁之曹溪。父諱昭，字德明，有耆德宿／望。以慶□恩，加封從事郎，夫人其次女也。自幼敏靜，及笄，歸／余。皇妣不幸先卒，遠事皇祖舅姑及皇舅。惟謹閨門，指千數，恭／大慈小，人無間言。暨重親既殁，晜弟析生，相地築室，夫人協力。／規剏落成，□□□□男女婚嫁以時。平時勤儉以持家，詩書以／訓子。整整有理，家道不墜，夫人內助之力居多焉。夫人與余／處五十有六年，相敬如賓，始終一律。中年尤□□□□□□□／靡間，寒暑其□，性有常矣。男四人：元用、圻、克□、元龍。女三人：長／適臨川吳元昱；次適揭孝友；次適鄒仲熊。皆□邑士也。孫男五／人：思□、思恭、端孫、潘孫、友孫。孫女四人：長適徐士正，次適黃易，／□□邑士也；二人尚幼。夫人生於紹興辛未七月，卒於寶慶／乙酉十一月己未，享年七十有五。以次年丙戌五月癸酉，葬于／南山之陽曰孔家原，去家二里而近。又得繭室于夫人所□□／西不數百步。嗚呼！生得同室，死不同穴，固有未滿。然兩□□□／異日松楸相庇，夫亦何憾。窆窆之先，余與諸子□曰，／乞銘於士大夫不迨矣。姑跡其實以紀其歲月，乃……／石。事前五日，夫敷山孫煇謹記。

六十五、宋傅商弼壽藏銘　　端平元年（1234）十二月十八日

額篆書：宋儒生傅處士壽藏銘

宋儒生傅處士壽藏銘并引

門生鄉貢進士□□□□篆額填諱。／

年月日，傅商弼治壽藏銘於鵝湖鄉第四都之陳原。生於□□，時年七十有六，恐將來子／孫習於世俗之弊，過有僭禮，故預為終制。予娶趙氏，已亡十五年，生子皆不育。惟茂良一人，甫／冠未娶而亡，以族孫炎為後。女一人，適從事郎趙樗，夫已亡二十年。庶子節，孫男三人。余少而／好學，限於有司程度而不遇。無行事可紀，將來不必求誌銘於他人，亦不得受人溢美挽章。只／填死葬年月日，附葊祖姓塋。余少學禮，又嘗學佛，教令明聖人之禮以示子孫，使不得違。／辯佛氏之非，使之不惑。別書于壁，仍自預為銘曰：／

少而好學，志也；老而不遇，命也。／厚葬之僭，禮不可違也；佛老之非，當破千載之惑也。／

右壽藏銘，先君所自作也。往年先君嘗親題宗譜云：始祖光生四子，仕南唐，官至宣徽使。／與宰相徐鉉議不合，出為信州刺史，卒於郡治，葬於旁羅，子孫因家焉。一子詵，遷東洋，先君其七世／孫也。曾祖抗，祖續，皆不仕。父欽時，贈承事郎，生三子。先君諱商弼，字君用，居次。生扵紹興之戊／寅五月丁卯日，卒扵端平之甲午十月辛巳日，享年七十有七，在正寢也。紹定六年秋，嘗預卜壽穴二所，／一曰陳原，一曰謝塢，皆生平所注意者。今年秋九月，一病寖革。未歿前一日遲明，自知將終，折簡以命／方生志，遂有「病軀危篤，昨來所託寫遺文可急來，忍死以待。為書于壁，以示子孫」之語。其文即所為壽藏／記是也。起視其書，反臥而逝，了然不亂。節痛思治命，欲不踰月而葬於陳原。卜不吉，且為日甚迫，事弗克／集。因友人王明甫質疑於克齋陳先生，陳先生者，先君之所敬畏者也。亦以為禮貴從宜，擇吉地而葬／之可也。節遂改卜於謝塢，亦所以承先志也。其地坐坤申而面寅甲，於陰陽家為宜。且密邇／稼軒先生之佳城，生得其所親，葬得所依□□有靈，亦必安妥。遂用是年十二月壬午日襄事焉。懼／後人不知此心，敬序其顛末如右云。端平改元歲次甲午十二月朔旦，孤子節泣血百拜謹書。

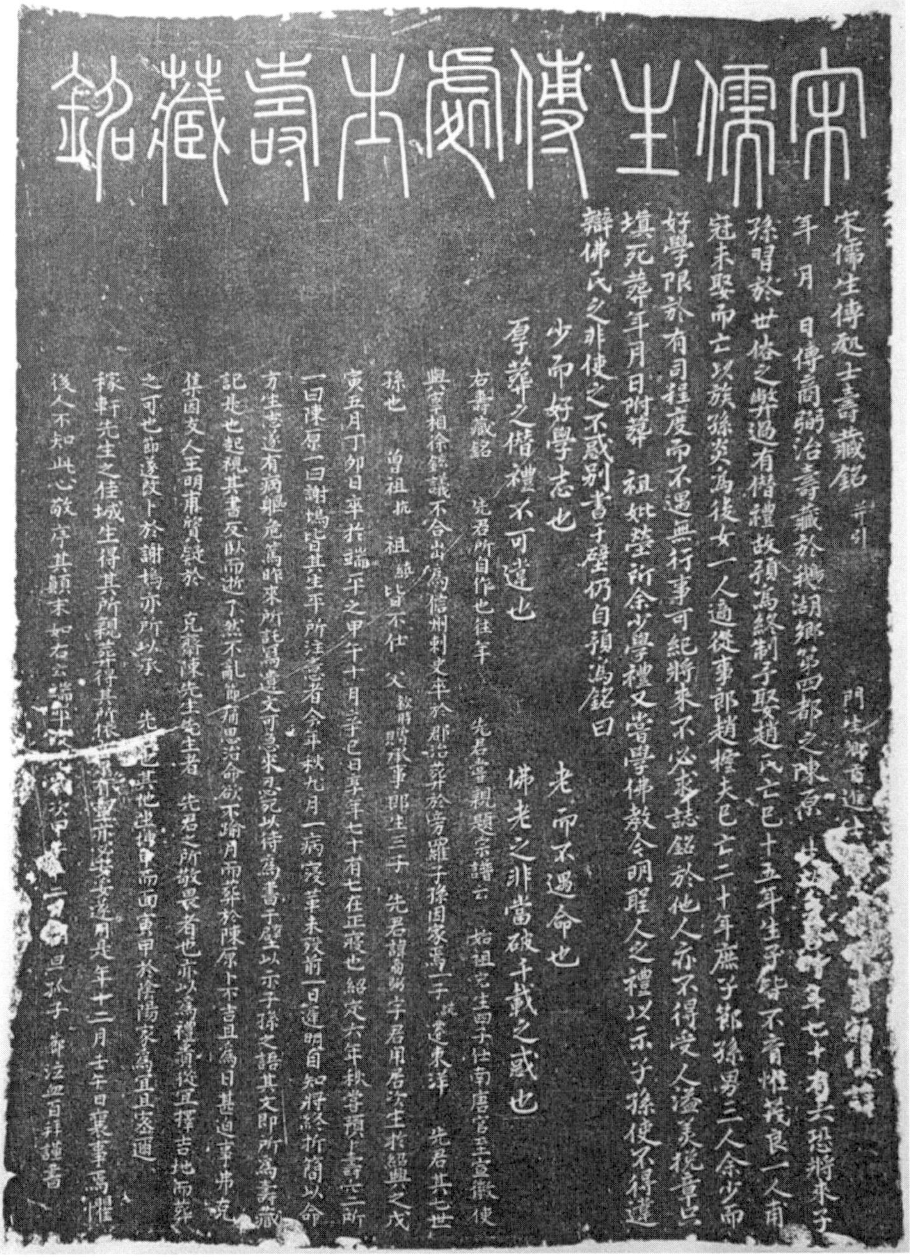
宋儒生傅處士壽藏銘

宋儒生傅處士壽藏銘　并引　門生鄉貢進士[illegible]
年　月　日傅商弼治壽藏於幾湖鄉第四都之陳原[illegible]時年七十有六恐將來子
孫習於世俗之弊過有僭禮故預為終制予娶趙氏亡已十五年生子皆不育惟義良一人甫
冠未娶而亡以族孫炎為後女一人適從事郎趙禮夫已亡二十年庶子鄒孫男三人余少而
好學限於有司程度而不遇無行事可紀將來不必求誌銘於他人亦不得受人溢美挽章上
塡死葬年月日附葬　祖妣塋所余少學禮又嘗學佛教今明聖人之禮以示子孫使不得遵
辯佛氏之非使之不惑别書于壁仍自預為銘曰
少而好學志也　老而不遇命也
厚葬之僭禮不可遵也　佛老之非當破千載之惑也
右壽藏銘　先君所自作也往年　先君嘗親題宗譜云　始祖宅生四子仕南唐官至宣徽使
與宰相徐鉉議不合出為信州刺史卒於郡治葬於旁羅子孫因家焉一子某遷東洋　先君其七世
孫也　曾祖杭　祖[illegible]皆不仕　父[illegible]承事郎生三子　先君諱商弼字君用居次生於紹興之戊
寅五月丁卯日卒於端平之甲午十月辛巳日享年七十有七在正寢也紹定六年秋嘗預卜壽穴二所
一曰陳原一曰謝塢皆其生平所注意者今年秋九月一病寢革未殁前一日迺明自知將終折簡以命
方生志遠有病軀危篤昨來所託為遺文可急來[illegible]以待為書于壁以示子孫之語其文即所為壽藏
記是也起視其書反臥而逝了然不亂[illegible]痛思治命欲不踰月而葬於陳原卜不吉且為日甚迫事弗克
集因友人王明甫質疑於　克齋陳先生先生者　先君之所敬畏者也亦以為禮貴從宜擇吉地而葬
之可也節遂改卜於謝塢亦所以承　先君其他遺[illegible]而面寅甲於陰陽家為宜且甚邇
稼軒先生之佳城生得其所親葬得其所依[illegible]遂用是年十二月壬午日襄事焉懼
後人不知此心敬序其顛末如右云端平[illegible]次甲午[illegible]二月[illegible]旦孤子　節泣血百拜謹書

六十六、宋湯洪墓銘　端平二年（1235）十一月十四日

額篆書三行：宋故湯／六七居／士墓銘

公諱洪，字秀穎，居豐城大順鄉赤嶺，乃／貢元之子也。公稟性倜儻，友愛弟兄，周／嫩鄉閭，無一有失。公生扵丙戌，享年二／十有七，不幸夭歿而矣。娶鄧氏，生男一／人曰興祖。自幼侍母嗣撫州崇仁山頭／之馮舍，居扵禮賢山歧。付氏之媳吳氏，／有男孫傅瑢，女孫六娘。又生孫二人，曰／湯珍、湯琪。各以長成，訓集詩書。今卜乙／未歲十一月十四日癸酉，易葬公于夲／地公相寺之山，正乾亥行龍，坐壬向丙，而從治命也，銘曰：／

公相寺山水美麗，歸窆先公扵此地。／伽藍擁護福同臻，代代兒孫榮富貴。／

孝續孫傅瑢撰。

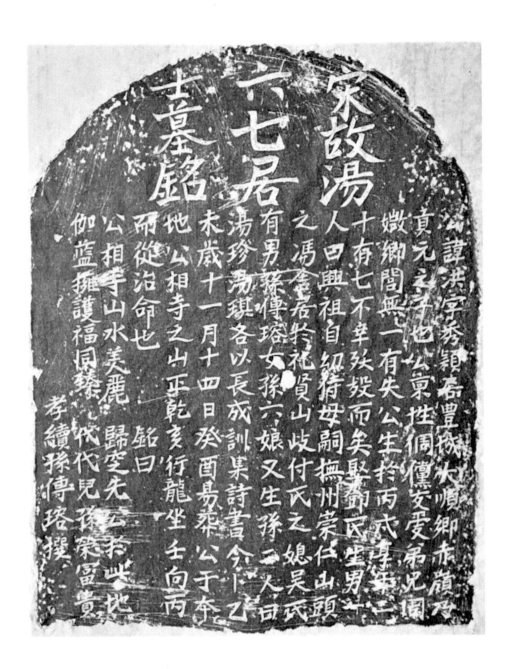

宋故湯
二七君
墓銘

公諱洪字秀穎春豐城大順鄉赤巔居
貢元元子也公禀性倜儻友愛弟兄二圖
嫩鄉閭無一有失公生於丙戌享壽男顯
十有七不幸歿而矣娶鄒氏之媳吳氏同
人曰興祖自紉幹母嗣撫州崇仁山任山
之馮金居於禮賢山岐付氏之媳吳氏
有男蓀傳瑢女孫六娘又生孫一乙
湯珍湯琪各以長成訓集詩書令仝
未歲十一月十四日癸酉易葬公于本
地公相寺之山乎乾亥行龍坐壬向丙
丽從治命也銘曰
公相寺山水美麗
歸空先
代代兒孫榮富貴
伽藍擁護福綿藜
孝續孫傳瑢撰

六十七、宋何善悟墓誌　　嘉熙元年（1237）四月四日

先妣姓何氏，諱善悟，世為慶元之鄞人。曾祖諱詠，祖諱斯立，父諱 /
戀承，母陳氏。先妣生於隆興二年六月十一日，年二十一，歸我 / 先君。慶元
六年，封孺人；嘉定二年，封安人；十一年，封宜人；紹定五 / 年，封恭人。
嘉熙改元二月乙酉，以疾卒于正寢，饗年七十有四。男二：/ 長汝嵒，蚤卒；
次汝巉，忠翊郎，填差監處州青田縣稅。先妣姿 / 性端靜，不喜□俗奢靡事，
待物極寬厚，怒不形言面。三侍先 / 君，把麾囊無私積，澹如也。晚歲課誦釋
氏書，頓達空幻，若不以家 / 務經意。先君棄世，俸餘無幾，菽水之奉未能慰
滿此心。母子相依為命，不幸遽至大故，嗚呼痛哉！先君諱善淇，終於武功
大 / 夫，主管建寧府武夷山沖佑觀，先六年卒，葬于慈溪縣德門鄉小 / 桐嶼
之原。汝巉將以是年四月己酉，奉先妣之柩合葬焉。葬日薄，/ 未暇求銘於
當世鉅公，姑紀歲月，納諸幽云。孤哀子趙汝巉泣血 / 謹識，武節大夫、主管
建康府崇禧觀袁任實諱。

六十八、宋徐守寧墓誌　嘉熙三年（1239）十二月七日

　　先妣徐氏，諱守寧，衢州龍游县竹溪里人。孝諱嶢，／故國子博士。姚郭氏，封安人。淳熙二年正月十／一日生，年二十三，歸先孝君左曳，孝君諱中。／嘉泰間，考君入館閣，該封孺人，貤授考君本生。／嘉定二年，考君為右正言，始封安人。五年，／郊，進宜人。十七年，明坐，進恭人。寶慶三年，／郊，進令人。紹定四年，壽明皇太后慶典，進碩人。／嘉熙元年十二月初二日，終考家，享年六十三。三／年十二月初七日，合窆先考君王神山之地。子／男：伯訦，承直郎、監行在文思院；仲讜，監行在／豐儲倉門；炑訥，通仕郎。孫男延慶，登仕郎；翁興。女：／道濟、道渶、娟女。嗚呼哀哉！不肖孤惟母是依，／一旦割裂，至此辜負，罔極是痛。今玉堂趙公汝騰／援史筆為之銘，將刊于墓上矣。姑识大略，纳诸幽。／孤哀子黄伯訦泣血謹識。朝散大夫、右文殿脩撰／致仕陳畏填諱。

六十九、宋環秀翁樂丘記　　淳祐元年（1241）十一月十五日

額隸書四行：有宋／環秀／翁樂／丘記

有宋環秀翁樂丘記／

隆興，江右藩府也。其屬縣豐城之東南有鄉曰大順，里曰槎谿，社曰赤塘，而族之蕃衍者，范姓／也。□□□范氏系出陶唐，在春秋，為晉士師。至五季，有銀青光禄大夫諱譓，始自□□徙居于／□□□城，逮余十二世也。曾祖考思極，祖考如岡，先考丕顯，俱力學□仕也。余生扵／乾道辛卯九月十八日，先妣黃氏素鍾愛，九歲，始令就學。不數年，而隸舉子業，皆先考攸／訓也。既冠而字君正，目考妣命，受室廼同邑尚書都官郎中何延世之女孫也。中饋既有屬，／始推家學，出授鄉里目及鄰郡。訓誨不倦，而從遊頗眾也。不幸，考妣俱□，伯仲析生，家務愈／叢而學力遂分也。歲在庚午，始目姓名貢禮部，而選不利春官，何時暌而命蹇也。年歷漸多，食／指益眾。故廬復弊，始革而新之。敞堂前後各三間，客舍稱是，東西亦苟完也。堂之後闢小閣，蒼／崖翠巘，左右映帶。乃名之曰環秀，而□號曰環秀翁也。自戊子辛卯甲午，三科俱目朝廷大禮恩／免解。暨試于省，輒報罷。至于丁酉歲，復該恩免。既試，則可預□□科。而余自揆□迫桑榆，志在／□□，視功名若身外物，可仕可止，姑順時也。屋之左方山名石屏，峰回路轉，□□木潤。欲預營／□藏地，訊之陰陽家，僉曰宜也。扵是築垣屋，治窀兆，甄石沙礫，靡不先備。且扵□公叔文子樂／□□丘之語，而扁其閣曰樂丘也。何氏年止四十九，□子二人：應元、應南。既訓之書，且授目室。／□元兩預□國學□□□四人：曰寧；曰宜；曰申；曰茂。幸皆□□有托也。余粗守箕裘，弗克目之／名世。而授業之餘，僅有三場課藁十餘帙、環秀雜著二十卷，姑藏于家。亦先考《雞肋集》／意也。余夙懷梗介，不能以諂事人。人有犯不校，有貸弗償勿索。用是，是非不入耳，得失□□□。／鄉里輩行，多目善人過許，非所敢當也。不知命者，無目為君子。余固不敢目君子自居，然晚節／嘗究心五行，於貧富、貴賤、禍福、生死，亦頗達其一二也。今年已七十，自知所歷甲子僅可與絳／縣老等。念他時不可無目照幽，因祖李唐杜牧之自撰墓誌之遺，傚我宋歐陽公《醉翁亭記》／之體，預述此，目鑱諸石而證諸後也。若夫未來之歲月，歸藏之日時，則非余所知，尚冀後人續／刊于碑之陰也。

嘉熙庚子正月朔旦，免解進士范蒙自叙，友弟從事郎、前廣南西路提點／刑獄司幹辦公事熊大經書，承議郎、前知隆興府豐城縣周燧填諱，族末朝請大夫、新除／尚左郎中立經題盖。

卒扵淳祐辛丑十二月戊辰，葬以是月之壬午。不逾月，遵治命也。族姪禧叔刊。

七十、宋黃氏地券　淳祐九年（1249）四月十八日

額正書：地券

　　維皇宋淳祐九年歲次己酉四月壬寅朔越十有八／日己未，隆興府豐城縣長寧鄉鳳舞里哀夫周援／偕哀子三德敢昭告于／此山主土之神曰：亡妻黃氏，通直後裔。生於淳熙，丙／申之歲。淑質端凝，天性柔惠。嗚呼！前室云亡，女一子／二。予乃嗣婚，以主中饋。言歸于我，實在癸未。相助經／營，家道浸熾。變慘辛丑，次男即世。吾孫三人，實尚童／穉。教誨至今，成立可冀。夫婦偕老，乃予素志。是歲之／春，一疾傾逝。惟子克孝，以謹襄事。安妥亡靈，我龜爰／契。金坑之陽，鬱鬱佳氣。吉日辰良，舉棺入窆。乃相其／山，面丁背癸。遠阜森羅，前溪秀麗。維尔有神，實司守／衛。呵禁不祥，以禦魑魅。保我子孫，承承継継。春秋時／思，共承享祭。劖諸堅珉，千古永記。謹告。

地　券

維
　皇宋淳祐九年歲次己酉四月壬寅朔越十有
八日己未隆興府豐城縣良寧鄉鳳舞里家夫周珯
偕哀子三德敢昭告于
此山主土之神曰亡妻黃氏通直後裔生于淳熙尚
申之歲淑質端凝天性柔惠嗚呼前室云亡女一子
二子乃嗣婚以主中饋言歸于我實在癸未相助經
營家道寖熾燮恊壼且次男即世吾孫三人時尚童
釋教誨至今成立可冀夫婦偕老乃予素志見歲之
春一疾頓逝惟于克孝以謹襄事安亡靈我龜筮
山宜丁肯穴遠阜森羅前溪秀麗維尔有神實司守
衛呵禁不祥以禦魑魅保我子孫承承繼繼春秋時
思共承享祭刲諸堅珉千古求記謹告

七十一、宋陳氏壙記　淳祐十年（1250）十二月六日

額正書四行：有宋／陳氏／太君／壙記

　　太君陳氏，長壽鄉人也。適同里黃公諱廣，生六子：明；次子捨入乾元
顯／法院出家為僧，名行華；貴；亮；茂；幼子亦為僧于崇德南資福寺，名處
和。／明、貴、茂俱早逝，惟亮與出家二子存焉。幸諸孫繩蟄，亦見厥後昌
矣。太／君性天溫淑，心地平夷。相夫君以勤儉，訓子孫以忠厚。其少也，篤
意蠶／桑，留心緝績，孳孳乎營家之謀；其老也，尊敬佛法，持奉經典，汲汲
乎向／善之志。若夫齊家睦鄰，尤有其方。諸婦有未歷世故者，則善以誨之，
必／使之不越於規矩準繩之外；諸鄰有未盡和協者，則敬以待之，必使之／
咸在春風和氣之中。至於夫婦之間，雖未盡舉案齊眉之禮，然亦倡／而必隨
之，不失其為賢內助也。君子偕老，人方頌之。未幾，而夫君先逝，太／
君尋相繼而去。非夙緣乎！非夙緣乎！太君生於乾道壬辰十一月十一／日亥時，
卒於淳祐庚戌八月三十日癸亥。是歲十二月初六日丁酉，／得吉宅于高家山，
作乙山辛向，夫婦合柩而安厝之。嗚呼！生則共室，死／則同穴，太君其有
焉。尚冀風水綿長，芘我子孫愈昌愈熾云。孤哀子亮，／承重孫元老、元富、
元吉等泣血銘。／

　　親末盧世亨填諱并題盖，鄒祖明刊。

七十二、宋傅文旺之母地券　寶祐元年（1253）十月十六日

額正書：地券

有皇宋宝祐元年歲次癸丑十／月丙午朔越十六日辛酉，哀子／傅文旺兄弟敢昭告于馮家坡山／神之靈曰：文旺聞養生不足以當／大事，惟送死可以當大事。故古／人有言曰：卜其宅兆，而安措之。／且文旺罪逆不孝，禍延所恃。今卜／此地，為我先姚帰安之所。其／地亥之山，巳之向。惟前朱雀，後／玄武。左青龍，右白虎。四向之內，／以為吉兆。其有不祥，仗神呵禁。／春秋祭祀，世與享焉。哀子文旺券。

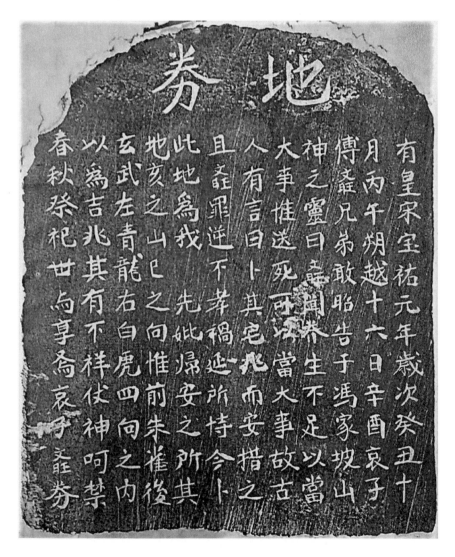

七十三、宋吳慶善墓誌　寶祐五年（1257）三月二十八日

額篆書四行：宋孺／人吳／氏墓／誌銘

宋故孺人吳氏墓誌銘／

孺人姓吳，諱慶善，乃笏山蒲鄉居士次子四宣教之／女也。以丁未歸于我家，其質明，其性淑。事父母兄弟／至恭，待妯娌媤属和睦。曰莊佃曰奴婢，蒙賑恤之恩／者尤多。所可惜者辛亥生男佑老，將葺而化。暨後，兒／女皆不育焉。正望其與我偕老而為內助，不幸，丙辰／初夏，染疾纏綿，醫療百端。雖蒙不停香，藥不釋口，竟／爾罔功。天胡奪其命之速乎耶！嗚呼痛哉！孺人生於寶／慶丙戌十一月二十五日申時，卒於寶祐丁巳三月／初八日平旦，享年三十有一。卜是月甲寅日，安厝于／地名觀垻垲。不可無以紀其實，因勒諸石，以記歲月／云耳。夫羅顧併为之銘，銘曰：／

吁哉室人，旣儉且純。能守其敬，能濟其貧。／正期偕老，比以靈椿。豈料一疾，永訣千春。

南溪長吳氏墓誌銘

本教孺人吳氏墓誌銘
孺人姓吳諱慶善乃芴山蒲鄉居士次子西宣教之
女也以丁未歸于我家其智明其性被事父母兄弟
至恭得婦娌婣屬和睦曰莊佃曰奴婢蒙恩顧怛
者尤多所可惜者辛亥生男佐老將春兩化壁後兒
女皆不育焉正塋其與我偕先而為刃助不幸丙疾
初夏築疾纏綿醫療百端鍼藥不停看藥不釋口竟
爾困功天胡奪其命之速耶嗚呼痛哉獨人生於寶
慶丙戌十一月二十五日甲時卒於寶祐丁巳三月
初八日平旦享年三十有一卜是月甲寅日安厝于
地名觀坂塔可無以紀其實因勒諸石以記歲月
云耳大羅顧併為之銘銘曰
正明偕老　能牛其敬　能濟其貪
吁哉室人皖倫丑純
　　　　　　比以靈椿
　　　　　　宜料一疾　永詠千秋

七十四、宋蔡俊章壙記　開慶元年（1259）十二月一日

額隸書四行：故蔡／百式／宣教／壙記

故蔡百式宣教壙記／

親末從事郎、新沅州軍事判官徐琳填諱。／

公諱俊章，字朝用，居撫之臨川，予從兄也。曾祖靖。祖宋霖，通直郎，衡州茶／陵丞。父孝謙，有子三人，公其長也。賦性狷直，幼習父師訓，長通於方。艱難／備嘗，精練世務，以儉勤肥家，為二弟冠，鄉黨咸歎異之。既壯，未有室，乃娶／張氏。張氏先歸于徐，生一男一女。徐卒，因携其男女歸公焉。公撫徐二孤／甚篤，既長，為畢婚嫁。張氏先公十六年卒，公患無後，遂蟓異姓子鞠之，名／曰継志。無何，公以疾終，時継志尚幼，賴徐之孤相與撫□安全之，家業／用不墜。人皆謂公能不負徐之孤，而徐之孤能不負公，皆可謂貴矣。公生／於淳熙乙巳，卒於淳祐己酉，享年六十有五。有女一人，適進士唐丗英。継志／未克終大事，乃以寶祐戊午冬十月因渡略□，墜水而死。嗚呼！継志不及／継公之大志矣，九原能無憾乎！予憂公之乏祀，而親堂且無子姪可継。乃求／之近族，得司戶位四丗孫外孫者立為公後。外孫年甫十二，未堪多難。予／敬卜是年冬十月壬申，奉公與継志之喪合葬于長寧鄉尚柏陂之原。外／孫未能匄銘於當丗君子，予姑述其顛末，以紀歲月，納諸壙云。峕開慶元／年歲在己未冬十月辛未朔，大功弟應矩謹書。

外孫今易名曰継伯，紀實也。／

朱俊卿刊。

故蔡
百弍
宣教
壙記

故蔡百二宣教壙記　親末從事郎新沅州軍事判官徐瑞填諱

公諱俊章字朝用居撫之臨川子從兄也曾祖申叔未嘗適宣郎衞州本

陵丞父孝謙有子三人公其長也賦性猾直切喑父卿剛是過於兄懿彝

備嘗精練世務儉勤家為二弟冠卹藏嘖異心既卹未有望乃娶□一氏

張氏張氏先歸子徐生一男一女孫卒因携其男女昮八鳥公偕徐之一名

甚篤旣長為畢婚嫁張氏先公十六年卒公患無後性子鞠之與守女念之家業

曰繼志居無何公以疾終時繼志尚幼賴徐之孤相與□□生

用不墜人皆謂公能不貟徐之孤而徐能不貟□□□皆可□□

於淳熙乙巳卒於淳祐己酉享年六十有五女□□□□養公生

未克終大事乃以寶祐戊午冬十月因渡路有近□人過進□香世英雄志不及

繼公之志夫九原能無憾乎子憂公之之祀觀堂且無于桓可繼乃求

之近筴得司戶位四世孫外孫肅生甫中二禾堪多難子

敬卜是年冬十月壬申奉公與維志之喪合導于香上柏陵之原外

孫未能句銘於當世君子始述其巔末以□歲月納請樯宏嘗開慶元

　　　　　　　　　　孫未能功孚應冠謹書

　　　　　　　　　　　　　　　　　莊在巳未冬十月辛未

　　　　　　　　　　　　　　　　非蔡公易名釜釜伯起實志

　　　　　　　　　　　　　　　　朱後鄉州

七十五、宋季祖皋壙誌　景定元年（1260）十一月九日

額正書：宋清潤處士季公壙誌

　　府君季氏，諱祖皋，字良甫，台之仙居人也。曾大父時，承信郎；大父安國，將／仕郎；父待旦，迪功郎。母吕氏。其先自括徙于台，今居于括者，顯顯有人，／而龍圖公其胄也。先世篤志義方，築室一區，名曰敏堂。招延師儒竟齋先／生陳公之流，相與講授，远方朋来執經者衆。先君與諸伯仲刻意隸業，偲／偲怡怡，氣象藹然。後以素志不酬，遂忘進取念，從事扵稼圃間。藥欄菊砌，／徜徉暮景，酒樽碁枰，排遣暇日。至扵修治垣屋之事，心畫精到，悉有成規。／舊居欹損，撤其舊而新之。引流環遶，居有爽塏之趣，自號為清潤老人。屋／旁有地數畝，欲鳩工度才，列為舘舍，以襄敏堂之規。未獲就緒，大順継而／築之，不負厥初。去家一里，有山環峙扵其東，古名水岩。林木蔚薈，嘗與月／溪老人相其陰陽，且詔大順曰：「他日汝以此地葬我焉。」既而卜之，龜筮協／從。先君之為身慮者，不亦遠乎！先君幼失所恃，長而有立，見義必為。處族／以和，待人以恕。人有飢寒，則解衣推食；人有病死，則授藥予棺。至遇歲飢，／則傾困平糶，為隣里倡。不好貨以求贏餘，不放利而責逋欠，皆鄉人所素／信者。奈何，天不遂大順終養之願，竟疾而逝，止扵享年六十有四。嗚呼痛／哉！先君生扵紹熙庚戌七月乙丑寅時，卒扵寶祐癸丑十二月甲子酉時。／娶郭氏，男一人，即大順也。孫男：登伯、崇伯。孫女一人。大順忍死卜以景定／庚申十一月壬申，奉柩歸窆。痛惟不孝未能乞銘扵當世名筆，姑敘梗槩，／納諸幽。男大順泣血謹誌，里契姪鄉貢待省進士吕逢子填諱。

七十六、宋傅文昌墓誌　景定五年（1264）十一月二十五日

額篆書五行：有宋／端軒／傅公／宣義／誌銘

有宋端軒傅公宣義墓誌銘／

甥壻迪功郎、前潭州善化縣主簿繆叔禾譔。／

契迪功郎、前特差吉州州學教授徐炎干書。／

契朝散郎、主管建康府崇禧觀、賜緋魚帶陳杭篆額。／

景定辛酉春，余之戍湘潭，艤舟羅溪，始得拜端軒傅公。見其儀狀魁梧，議論閎偉，有□□子風。退而歎曰：「乾淳君子，落落晨星，老成端重，如／世不多見，誠一代典刑也。」戍滿來歸，道聞公訃，入哭之。公之孫衰絰再拜，哭□曰：「孤孫不天，降□于先祖。忍死將于十一月丙申，奉柩殯于樓真。／念不可無所紀，敢請。」余答拜曰：「余娶於程公，甥也。公之行，得於婦黨也諗矣，奚敢辭！」公諱文昌，字瑞卿，信之鉛山人。曾祖先，祖思聞，父德璿，俱隱德。／母周氏。公天性孝悌，幹父之蠱，勞而無怨。母寢疾，嘗藥無效，輒刲□□進，厥疾用瘳。事二兄，友愛天至，遜以先疇，無吝色，人以為難。襟度夷曠重然，／不尚華飾。勤以理家，雖老不倦；儉以律身，雖富不驕。築室於父廬□□，扁曰「端軒」，取「通書端本誠心」之義。家庭教詔，必以詩禮為□，忠孝為本。□□／佛書，粒饑梁涉，多力行好事。晚歲少疾，童顏鶴髮，體力康強，不減少壯時。一日，豫判貲產，付諸孫輩，且戒之曰：「吾辛勤立門戶，汝當毋墜吾□□□／名固非吾所望。若不安命義，非所以望汝也，汝其勉旃。」甲子歲旦，家庭拜壽畢，忽語諸孫曰：「人生七十者稀，吾年將八十矣，其舉真率會一□□□。」／諸孫承志，陳俎豆，列管絃，遠近姻朋畢集，公懽甚。酒酣燕衎，□談世故，言多曠達超然，不以形骸為累，聞者羨其知命。未踰月，疾作，戒家人刼□／曰：「死生有命，毋以藥相苦。」遂援筆書頌盈紙，有悟聖超凡之語。安寢而逝，實是年三月三日也。公生於淳熙丙午五月癸卯，享年七十有九。娶康氏、／張氏。男四人：夢祥、夢梓，先公卒；煒出繼於虞；謙出為族人後。孫男四人：元仁、元長、元庚、元□。孫女一人，適上饒程梓。曾孫男六人：淵然、延英、粲然、□□、／顯孫、可久。曾孫女四人，在室。公嘗營樂丘於清流鄉之徐家阪，樓真亭其所築也。殯於是，將以□□□□□□而安厝焉。其地丑山未向，水流□□□□／陽家協吉。嗚呼！箕疇五福，人所難全也。而況蘭玉詵詵，必有

能保守而光大之者，其又福流後裔者乎！於是書而□□銘，銘曰：／

　　曰富矣惟德之是□，曰壽矣康寧而終□。／復□歸根爱棲其眞，既禔其身以福後人。

七十七、宋李六十宣義地券　咸淳三年（1267）正月十二日

額正書三行：有宋／李公／地券

青鳥子曰：按鬼律云：「葬不斬草、買地立券，謂之盜葬。」乃立券文曰：皇宋咸淳二／年太歲丙寅正月乙未朔越十有二日丙午，男李方子伏為先考六十宣義生于／慶元丙辰七月二十一日寅時，卒于景定庚申十一月初七日，享年六十有五。茲者／涓吉，龜筮叶從，葬于里之塘北。即坎山行龍，坐戌作辰向，而為之宅兆。謹以泉值極／九九之數幣帛，依五方之色，就后土陰官鬻此一區。東止青龍，西抵白虎。南極朱／雀，北距玄武。內方勾陳，分治五土。我疆爾界，有截其所。神禹所步，亥章所度。丘承墓／伯，禁切呵護。歐彼罔象，投彼兇虎。弗迷獸異，莫予敢侮。千齡萬載，永無災苦。敢有干／犯，神不恕汝。幽堂庭長，收付地下。主者按罪，弗敢云赦。乃命翰林主人墨客卿，為／立券文。亡靈允執，永鎮幽宅。天光下臨，地德上載。藏辰合朔，神迎鬼避。塗車芻靈，是／為器使。夔魖魑魅，莫敢逢旆。妥亡佑存，罔有不祥。子子孫孫，克熾克昌。山神地祇，實／聞斯言。謂予不信，有如皎日。梅仙真人，時在旁知見。急急如／太上女青詔書律令。勑。／

太上靈符，永鎮幽宅。亡靈安靜，子孫昌吉。邪精伏藏，蛇鼠徙跡。急急如律令。勑。

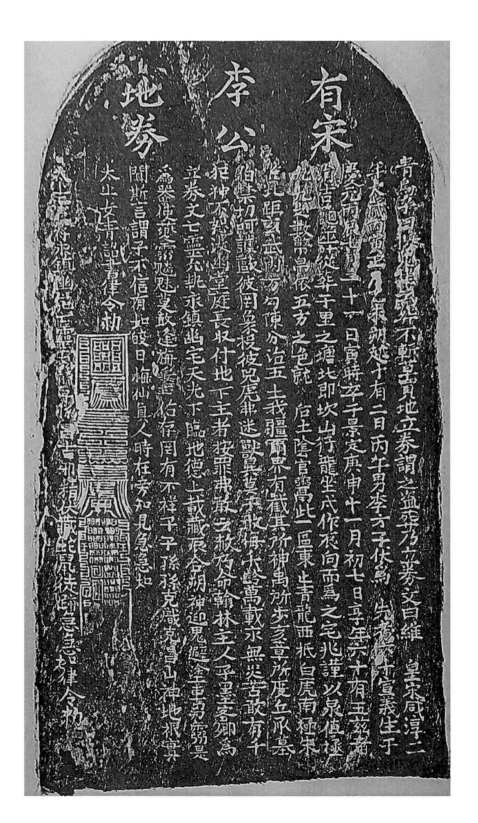

七十八、宋甘應登壙記　咸淳七年（1271）十一月二十四日

額正書：壙記

余居豐城之富城，國初有諱宗，官至銀青光禄／大夫、檢校國子祭酒兼監察御史、上柱國者，乃遠／祖也。曾大父知剛該慈明慶壽恩，授迪功郎，致／仕。王父元秀貢補國學進士，生蚩英，娶徐氏，生應／登，字獻可。應登生於紹定癸巳九月戊辰，年方齠／齔，已知向學，不隨羣兒嬉戲。少長，不好他弄端叙。／始成人，隨母歸寧，外舅層碧徐西元萬見而鍾愛／之，以孫女妻焉。生男三人：長泰來；次嗣孫，在襁褓／間，女兒夫徐宗宏無後，撫育而為己子；幼吾孫，先／八月而夭。汝得疾，命醫用藥，卒無虛歲。竟弗瘳，終於／咸淳己巳三月，得年三十有七。孤幼未克襄事，／越二年，始卜葬于同里水南之原，距家數百武，蓋／辛未十一月廿四日也。余與汝母哭之慟，嗚呼！父／不祭子，禮之經也。所望如承家主器，以佚我者，今／若此，嗚呼痛哉！於是汶淚而識其卒葬歲月，納諸／壙。父甘蚩英記，國學進士范洪杰書。

記壙

余居豐城之富城
大夫檢校國子祭酒兼監察御史上柱國者乃遠
祖也曾大父知剛諱該
仕王父元秀貢補國學
登宇歡可應登生於紹
亂己知篤學不隨舉貢
始成人隨母歸寧外舅曾碧徐
之以孫女為生男三人長
闊女兄夫徐宗宏無後撫育而為已
八月而夭汝得英命醫用藥卒無虞歲竟帛廖終
於感淳己二月得年三十有七孤幼末克畢事
越二年始卜葬于同里水南之原距家數百武盖
辛末十一月廿四日也余與汝母哭之慟嗚呼父
不祭子禮之經也所望汝承家主器以俟戊戌者今
菩此嗚呼痛哉於戊汝沒而識其卒葬歲月納諸
壙父
甘蟲英記貢補國學進士范洪杰書

七十九、宋李惟一墓誌　咸淳十年（1274）十二月六日

額篆書五行：故李／君竹／坡宣／義墓／誌銘

故李君竹坡宣義墓誌銘／

鄉末前迪功郎徐霆炎撰。／

承議郎、擬授總管、見任隆興府豐城縣管儒官胡宏□書。／

奉議郎、新除江東饒州通判兼知州事萬道□□。／

李君諱惟一，字季淳，號竹坡，家世豫章豐城白洲里人也。□□□□□俊恬淡，／不慕浮華。愛快樂，不事憂戚。與人交，則眞實而無妄；與物接，則□□□□私。急難／則賙人以財，饑荒則濟人以粟。賓師詔後，於禮尤隆。宗族稱其孝悌，鄉里稱其仁／賢。汎應曲當，動静語默，純乎純者也。早歲游場屋，志不遂。壯則留意陰陽術數之／學，得其玄綱，有功於富家巨室多矣。一觀姚雪坡之造化，則曰：「癸丑春，必登上第。」／一論馬平泉之氣數，則曰：「甲辰春，必策巍科。」未幾，其言果驗。神哉！李君之術也。至／如楊、曾二仙輩，猶能上拍其肩，挾斯學遊江湖，見諸用如影響，貧可使富，賤可使／貴，特反掌耳。宇宙間所以起敬而起慕者，恨覩星鳳之不先也。故竹坡題扁雪坡，／書之於其先；竹坡序跋平泉，述之於其後。此皆實迹，殆非虛談。由是而名日高，譽／日廣，學術日益精矣。晚歲，倦於遠遊，顧自有丘園之可樂，退而静處。勤稻粱，植桃／李，治龍宅。其所以貽厥孫謀，綽綽然有餘裕。聘書不到户，行李不出門。君非恝然／忘情於世者，安乎其天也。由是而業日增，屋日潤，家道日益興隆矣。君曾祖諱從周，／字子文。大父諱廷，字彦邦。父諱鑑，字明叔。俱隱德弗耀。君娶邑屋甘氏，迺節軒司／户之後。有賢德，克相于内，得助者多矣。子二人，箕裘世業，不失其傳。始以儒名，次／以術名，又其次則以肯堂肯穫名。伯曰秀實，先娶同里周氏，續金坊江氏；仲曰秀賢，／娶安沙游氏。皆名族。女一人，曰庚一娘，適危上舍建泰，居同邑之清溪。孫三人：長逢原，／篤志青雲，留心黃卷，不碌碌於卑下，猶天子之有俶也，締市居丘氏；次逢吉；幼逢慶；／皆有天姿之可進，未婚。君生於嘉泰甲子歲五月二十八夜亥時，不幸於咸淳甲／戌年八月二十一日午時勿疾而仙矣，享壽七十有一。諸孤忍死終喪，越五載，乃／始克葬。一日，其子茂夫過予，泣告曰：「先子生平自決擇得吉地于皋吳城山之／陽，俟身後於彼而居焉，吾兄弟今遵治命也。」以是歲戊寅十二月己卯朔越六日

／甲申，襄舉于茲。遂請予以記之，予不容辭也。姑為之誌而銘曰，同里人李益鑴。／

　　雲山蒼蒼，江水泱泱。竹坡之藏，終然允臧。／綿綿延延兮，百世其昌。蟄蟄繩繩兮，為祖宗之光。

八十、宋陳炳殘墓誌

額篆書：……墓銘

……誌銘 /

左迪功郎、袁州司戶叅軍江匯撰。 /

左迪功郎、吉州司戶叅軍黃鋮書。 /

左迪功郎、新授信州玉山縣主簿黃龜從篆。 /

□□□年十有一月乙未，陳居士卒。明年十有一月甲申，葬于新豐鄉永豐里之原。前 /□□□王駁狀居士之行，寓書宜春，求予銘。居士行応銘，而其子肆與予有芹泮之舊，敢 /□銘。乃書其實曰：居士諱炳，字顯仲，撫州臨川人。曾大父諱保能，大父諱文捷，皆高隱終 / 身。父諱巽，積善肥家，甲于富族。靖康中，出羨財佐軍興，有旨補承節郎。或勉以出仕，居 / 士憂其跋履之遠，因泣諫見聽，故承節以壽終于家。居士執喪哀甚，未祥而感疾，謂肆曰： /「偏親黃髮，弗克終養，吾抱恨幽壚矣。汝能承吾志，庶幾董澤之孝也。」又謂其季曰：「凡幹蠱 / 之勞惟汝職，毋憚事。」言訖，啓手足而逝。居士醇厚質直，言無隱情。暇日對酒，陶然自適，有 / 達士之風。視長幼均孝睦，無所適莫。而臨財廉取與義，不使有間言。方家道鼎盛，且以驕 / 盈為戒，其子亦警敏有守。謂當坐享佚樂，而天不假之年，為可恨云。娶劉氏，生肆。肆生八 / 年，劉不幸以死。繼室涂氏，生勍，先卒。季曰民表。一女，適宜黃吳久中。孫男五人：曰師淵、曰 / 守謙、曰守仁、曰守約、曰師孟。女孫四人，皆尚幼。銘曰： /

居士之世，敦本好禮。忠孝肇啓，家道豐美。居士之德， / 簡易以直。葆醇去飾，洞見智臆。居士之數，六十有五。 / 善行旣具，以永終譽。居士之門，義訓攸存。沄沄慶源， / 繩繩子孫。居士之藏，奧原之岡。斲珉幽堂，千載流光。

吳世昌刊。

銘
左迪功郎袁州司戶參軍江 匯 撰
左迪功郎吉州司戶參軍黃 欽 書
左迪功郎新授信州玉山縣主簿黃 龜從 篆
年十有一月乙未陳居士卒明年十有一月甲申葬于新[illegible]鄉永豐里之奧原前
人王駜狀居士之行寓書宜春求予銘居士行應銘而其子肆與予有芹泮之舊敢
辭乃書其實曰居士諱炳字顯仲撫州臨川人曾大父諱保能大父諱文捷皆高隱終
身父諱巽積善肥家甲于富族靖康中出義財佐軍興有 旨補承節郎或勉以出仕居
士憂其跋履之遠因泣諫見聽故承節以壽終于家居士執喪哀甚未祥而感疾謂肆曰
偏親黃髮弗克終養吾抱恨幽壤矣汝能承吾志展襲董澤之孝也又謂其季曰允幹蠱
之勞惟汝職毋憚事言訖啓手足而逝居士醇厚質直言無隱情暇日對酒陶然自適有
達士之風視長幼均孝睦無所適莫而臨財廉取與義不使有間言方家道鼎盛且以驕
盈為戒其子亦警敏有守謂當坐享佚樂而天不假之年為可恨云娶劉氏生肆肆生八
年劉不幸以死繼室徐氏生勍先卒季曰民表一女適宜黃吳夕中孫男五人曰師淵曰
守謙曰守仁曰守約曰師孟女孫四人皆尚幼銘曰
居士之世 敦本好禮 忠孝肇啓 家道豐美 居士之德
簡易以直 樸醇去飾 洞見胷臆 居士之數 六十有五
善行既具 以承終譽 居士之門 義訓攸存 泫泫慶源
繩繩子孫 居士之藏 奧原之岡 斲珉幽堂 千載流光
吳世昌刊

八十一、宋□與齡殘墓誌

……水上，携其内弟髙壁偕時子杲 / ……公手帖以来，啓而觀之，字楷而 / ……而杲得拜公床下。歸言公氣貌魁 / ……吉士。紹定庚寅春，余招壁来處家。 / ……公以正月乙酉卒。公賢而弗施，母 / ……甚悲之。秋九月，壁襄墨踵門，拜且泣 / ……事来謁銘，余不忍辭。按公狀，諱與齡 / ……徙臨川，今為撫州臨川人。淳熙錫 / ……功郎，祖妣艾氏孺人。公九歲而皇考卒， / ……至，旣歿，以孫承重，容稱其服。母夫人為 / ……能痛自修飾，以奉其母，有子道焉。愛敬 / ……力，性姿嚴重，舉動安詳。燕居几席，罟用必 / ……其殽錯也。讀書首求大旨，觀史至有忠義，不 / ……上下前后如引繩。晚歲，僧道巫覡皆屏弗 / ……會集，因盃酒以序言昭穆。延師家塾，逾久逾 / ……輩，語曰格言至論，要當使之盈耳充腹，以 / ……不能屈，澹然有儒素風。客至，擊鮮飲醇，整 / ……力不足。假貸不必其償，償者亦不會其數。 / ……扲財。暨卒，無遺貲，諸孤幾無以自養。居鄉 / ……人长者，必帰之公。或有爭校，徃徃不于官 / ……明。故修之於身，行之於家，推之於鄉，皆可 / ……年六十有三。凣再娶，皆楊氏。前夫人常德 / ……中行亦卒。次坦、植、壁，皆業進士。女三，進士 / ……三，皆幼。以其年十月辛酉，葬于邑之安寧 / ……習滔滔，荃蕙為茅。質直好修，式障其流。德 / ……厥後。

盧山胡詠撰，臨川許之强謹書。

八十二、宋殘墓誌

……餘…… / ……承家教…… / ……方有，漸而名…… / ……所解，凡鄉黨之…… / ……為君替悲助灑矣…… / ……李氏之实清趫氷…… / ……逾濃扲衆口。續娶…… / ……女二人。君以熙寧…… / ……五。以次年冬十二…… / ……記□予，以永其…… / ……遽從於隉，喪雖…… / ……无言哉！直紀……

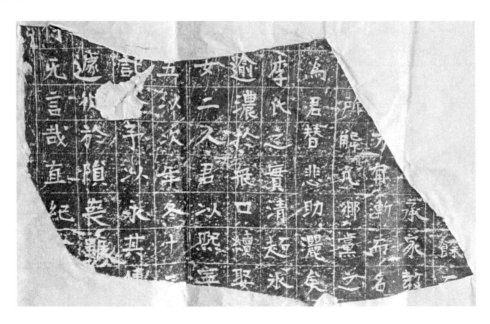

八十三、宋殘墓誌

　　……前事，其子徵予記／……應人，公迁于洪崖，令／……遠徐先生游，始来洪崖／……與理闇合也。公始迁地／……而作，康山榷酤額隸于官，／……以畀公，公即其地而居焉。／……就養，日奉甘旨，始終一如。迨／……爲之經紀後事，俾其子若女／……嫁畢，敕斷家事，率辰漏下一／……時勝日，杖策徃来，子孫歡迎。／……其間，視為菟裘將老之地。康／……焉。公屣履出迎，惟恐後。好事／……史君鳴鳳有不似爐熏一卷經之／……寅九月甲辰，卒扵景定甲子四月／……氏、董氏、江氏。女一，適江西諶廷經。／……王夢炳，次許適袁友端；三許適邵／……辛酉，葬公于鯤池之皋，距所居／……士胡憲記。

八十四、金王文炳陶棺銘　大定十八年（1178）三月九日

寓慶善寺僧／王文炳靈柩。丙申大定十六年九月十五日化，至定／十八年三月初九日殯葬，兄景茂記。

首次刊佈于任喜來、呼林貴：《陝西韓城金代僧群墓》，《文博》，1988年第1期。

八十五、金李仲得等造石棺銘　承安五年（1200）十一月八日

　　孝男李仲得，／承安伍年十一月初八日記。／孝男李仲伯，／孝男李
仲清。

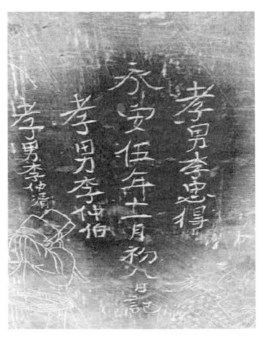

八十六、元詹煜壙記　至元十六年（1279）十一月十六日

故詹公承事壙記 /

詹公諱煜，字明叔，世居撫之崇仁，象山分派也。曾祖緒。 / 祖拱卿，里善人。父任，尤篤志好善，見孫生子，尚老且健，享期 / 頤壽。明叔克紹先志，友諸上善人，崇釋老，學詩書，訓子孫， / 期有光前人。遭世乱，離志未遂，百年強半，婚嫁債畢，家事 / 悉付託。徜徉里閈，但知為善最樂。而年又最高，子抱孫，康 / 強猶無恙。一家祖孫四世凡兩見，可謂積善有餘慶歟！明 / 叔平生少病惱，忽菊節前薄患，語其子曰：「吾心了了，無一 / 毫係累。」初十夜未央，起易簀，斂襟端坐，合掌瞑目而逝。子 / 哭之慟，乃覺曰：「恰一夢耳。」嗟吁！其得釋老夢幻死生之說 / 歟！亦天佑善人，所以全終歟！明叔嘉泰辛酉十月二十八 / 日生，至元己卯九月十一日卒。娶程氏。男三人：友直、友諒、 / 友聞，娶戴氏、周氏、鄧氏。女辛娘，適程伯恭。孫應銓、應林、應 / 孫、神孫、定老、巳孫、慶老、石老、復老、惠娘，長孫娶龔氏。曾孫 / 顯老。昌是年十一月十六日庚申，葬于縣西三十里羅山 / 上，從治命也。葬之日，求余為之記。余生同里，素知其為善 / 人，又見其積善之報。敬書其槩，俾求證於大善知識云。

里 / 人前鄉貢進士吳文蔚記。

故詹公承事壙記

詹公諱煜字明叔世居撫之崇仁蒙山分派也曾祖緒祖

拱卿里善人父仕尤篤志好善見孫生子尚老且健享期

頤壽明叔克紹先志友諸上善人崇釋老學詩書訓子孫

期有光前人遭世亂離志未遂百年強婚嫁債畢家事

志付記徉里開但知為善最樂而年又最高子抱孫康

強猶無恙一家祖孫四世凡兩見可謂積善有餘慶歟明

叔生平少病惱節前薄患語其子曰吾心了了無一

毫係累初十夜未央起易簀斂衽端坐合掌瞑目而逝子

哭之慟乃覺曰恰一夢耳嗟吁其得釋老夢幻死生之說

歟亦天佑人所以全終歟明叔嘉泰辛酉十月二十八

日生至元己卯九月十一日卒娶程氏男三人友直友諒

友聞娶戴氏同氏女辛娘適程伯恭孫應銓應林應

孫神孫定老石老復老惠娘長孫娶龔氏曾孫

顯老曰是年十一月十六日庚申葬于縣西三十里羅山

上從治命也葬之日求余為之記余生同里素知其為善

人又見其積善之報敬書其槩俾求證於大善知識二

人前鄉貢進士景文蔚記

八十七、元范氏地券　大德四年（1300）十月十四日

額正書：地券

維大元國大德四年歲次庚子十月／壬申朔越十有四日乙酉，宏塘保孤哀／子胡德孫敢昭告于周源保舊基後／山之神曰：先妣范氏，富州金橋人也。生／於宋國淳祐三年癸卯正月初六日，卒／於去年己亥六月初七日，享年五十有／七。卜葬于此，遵治令也。茲山来于神嶺，／坐巽巳，向乾亥，前朝後擁，訊以陰陽曰／吉。惟茲／山神，實司此土。呵禁不祥，安我亡靈，福／我後嗣。春秋祭祀，神與享之。謹告。

八十八、元莆妙證壙記　大德十一年（1307）九月二十四日

額隸書：許夫人壙記

　　先妣夫人莆氏諱妙證，臨江路清江縣清江鎮金地坊人。曾祖名不能記，/祖名不能記。父諱洪，字子範。初適同里德全坊前試國學進士雷公永叔，/生男應發、應聲，女二。中罹劫禍，莫適蓺居，始致吾先君副使許公。男婚女/嫁畢，從先君寓居龍吳，後迁于進賢縣之歸仁鄉，乃謀卜築，輪奐一新，將/老焉。先君與當時士大夫多所交遊，迎送無虛日。每一出貿易，動以歲月/計，事務繁夥，輒以相関，夫人实綜理之。在雷而雷之家事治，歸許而許之/家事亦治。由其稟性溫淑，事上叺礼，接下以恩，理内酬外叺勤，又能輔佐/君子叺善道而然也。不肖男文質、文福幼蒙撫育，長及冠婚，恩至厚矣。不/幸不天，先君以甲辰年正月初六日捐館。尚幸夫人無恙，得有所恃。今一/至扵此，哀痛奈何！罔極奈何！夫人生扵宋嘉熙己亥年六月二十八日寅/時，殁扵大德丁未年七月二十七日未時，享年六十有九。諸孤將以是年/九月二十四日，奉柩祔葬于鴟戲楊林之原，從吉卜也。女四。孫四，尚幼。文質/罪逆深惧，未能謁銘扵當世之大手筆，以光潛德。故摭其所聞之大槩，納/諸壙，以紀歲月云。孤哀子許文質泣血百拜。

許夫人壙心記

先妣夫人蕭氏諱妙證臨江軍清江縣蕭江鎮金坊人曾祖名不能記
祖名不能記父諱洪字子範幼通目里德全坊前嘗目學進士雷公承叔
生男應發應聲女之二中罹刧禍莫道要君始致吾先君副使許公男婚女
嫁畢從先君富居寵異後迁于進賢縣之歸仁鄉乃謀卜築麟溪一新將
計事務經移郡以桐閤夫人買綵理之在雷而雷之家事治賻而許之
家事亦治由其稟性溫柔事上以禮接下以恩理内副外以勤克能輔佐
君子以孝道而貽之不肯男文賓文福幼聲孫育長文綬冠婚恩王厚矣不
幸下天先君以甲辰年正月初六日省歸尚無夫人無恙得有所恃令一
至於此亲有何固極奈何夫人生於宋嘉熙己亥年六月二十八日寅
時殁於大德丁未年七月二十七日未時亨壽本有九請孤將以是年
九月二十四日奉松柏塋于鴆戲栖林之原葬書已巳女四孫四尚幼之賢
罪逆深慎未能詢銘於當世之大手筆以光潛德姑撫其所聞之大槩納
諸壙以紀歲月云

孤哀子許

元貞通江五百念拜

八十九、元胡氏壙記　至大二年（1309）正月十二日

額正書四行：故劉／孺人／胡氏／壙記

胡氏孺人壙記／

孺人胡氏，撫州金谿淡里人。性柔靜聰悮，頗識字書。自其曾大父皆以儒術顯，父／山翁有聲場屋。諸子中扵孺人尤所鍾愛，以己亥之歲歸于我。奉姑以孝，不出房／闈，而鄰族嘗序慶弔之禮姑命即行。或姻朋來往，主饋無厭倦意。有子方垂髫，亟／欲延師力誨，期以早成立。先是，姑總家務，後倦于勤，一一諉其責。而孺人瞻視顏／色，每事関白。勤不至瘁，儉不至嗇。而吾母子得以安怡休息者，皆孺人力也。不幸，／今年夏初忽沾痰氣疾，服藥罔效，日夕轉劇。又不幸病中，母劉氏告亡，孺人驚怖，／號哭奔赴盡哀，顧亦不知疾病之在躰也。還家轉加□絶，扵十月二十日竟尔長／逝。嗚呼！偕老之願為何如？而姑老在堂，子幼在膝，號嗁之聲，所不忍聞。嗚呼痛哉！／天蒼蒼，地茫茫，俾吾早年失此賢助也耶！孺人生至元癸未，卒至大戊申，享年二／十有六。子二人：胡生、震孫。女一人，辰姑。姑陳氏。今以次年正月十二丙申日，葬于／本里艾坊之源，其地坐离向子。謹書其大槩，納諸壙云。夫劉仁壽抆淚書。

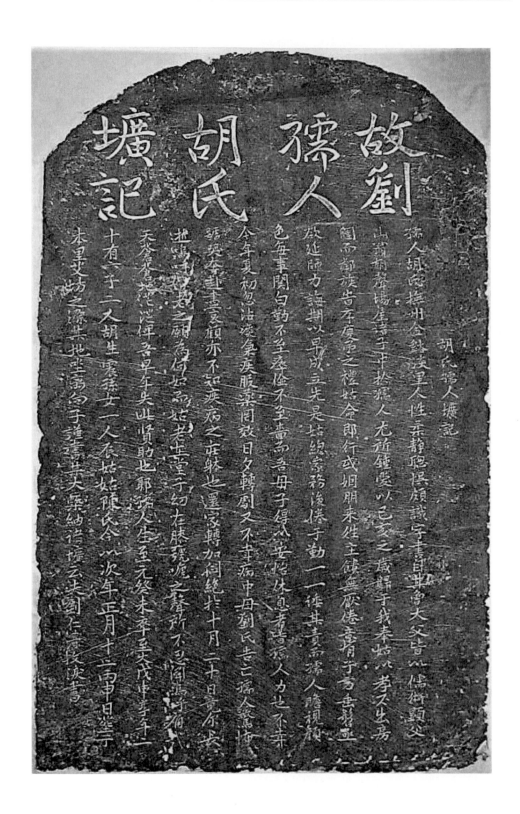

故劉 孺人 胡氏 壙記

胡氏孺人壙記

九十、元饒氏墓誌　皇慶元年（1312）十一月十五日

饒氏孺人墓誌／

亡妻姓饒，撫臨川鎮積善大源人氏也。庚申春歸于／我，生平性善，猶執婦道，理家勤儉，凡事簡默。祖居／彭澤，因世殊事異，戊寅春迁于當鄉百都楊湖嶺／居。生男三人：長泰孫，先六年卒；次㫜孫，娶饒氏；幼／少孫，娶郭氏。女一人，適饒霆。孫女先一年卒。長男／孫継祖，娶僥氏；次常孫。女孫長招弟；次壬姑；幼秀／姑。延孫福生。女外甥僥引弟、端姑。男女婚嫁畢，優／游，條沾微疾，竟成長往。嗚呼哀哉！亡妻生於前庚／子三月初三日午時，享年七十三，卒於壬子十月／二十九夜。當年十一月十五丙午為吉兆，葬于當／鄉九十九都祖墳傍，地名池頭，坐乾作巽。葬前一／日，書此以誌歲月云。夫吳道孫抆淚書。

饒氏孺人墓誌

亡妻姓饒撫臨川鎮善大凉人民也庚申春歸于

我生平性善猶抱婦道理家勤儉尼事簡祖君

彭澤固世殊事異戊寅秊迁于當鄉百都揚湖盧

君生男二义東泰孫先六年平次皇孫娶饒氏幼

次孫聘耶氏女一人適饒霆孫女先一年卒長男

孫繼祖娶饒氏次常孫女孫長招弟次壬姑幼秀

姑延孫福生女外甥饒引舅端姑幼優

許條洺微疾竟成長往嗚呼哀哉亡妻生於前庚

子三月初二日午時夀年七十三卒於壬子十月

二十九夜當辛十一月十五丙午為吉兆奕禾當

鄉九十九都祖墳傍地名池頭坐乾作巽萊前一

日書此以誌歲月云　夫吳道孫扙淚書

九十一、元慧覺塔銘　延祐元年（1314）三月

故釋源宗主宗密圓融大師塔銘

沙門法洪撰。／

公諱慧覺，楊氏，姑臧人。父仕西夏為顯官，夏亡，易服為苾蒭，隱居求／道，物論美之。公幼讀書，聰穎不羣。少長，志慕佛乘，遂祝髮為僧。時西／北之俗篤信密乘，公服膺既久，深得其道，迺肥遁嵩藪，勵精禪想。既／而曰：「密乘固修心之要，非博通經論，不足以究萬法之源，窮佛道之／奧。」聞先宗主贈司空護法大師傳一乘圓極之說，風偃秦洛，負笈從／之，有針水之契。護法嘗顧公以語人曰：「此子吾門梁棟也。」探賾索隱，／九六七載，而扵法性圓融之旨煥焉。若臨秦鏡而覩肝膈，無復餘蘊／矣。護法以其克荷重寄，付以赤伽梨衣。逮將辭歸，護法曰：「此寺佛法／濫觴之源，今草昧之初，惟才是用。吾徒雖衆，幹蠱者寡。方托而以腹／心之寄、手足之助，何遽捨吾而歸耶！」公以託付之重，竭股肱之力，朝／夕左右，雖勤而不以為勞也。故宗社之興，公有勞焉。／世祖皇帝詔海內德望校經于燕，公從護法以見，賜宗密圓融大師之／號。會永昌王遣使延公，啟講于涼公之道，大振於故里，創壽光、覺／海二寺。護法歿，公不遠數千里赴葬，盡心喪之禮。有／旨授公河南僧錄，公以祖刹虛席，非負天下重望者不可尸之。薦故／真覺大師于朝，詔以為釋源宗主。真覺歿，公亦西／歸。群雄乖競，釋源鼎沸。／詔以公為宗主，錯枉舉直，因能任／事。逾朞而百廢具修，寺以大治。尋以／太后詔，馳駒適涼，修佛事為國延釐。公有家僮四十餘人，至是，／悉良之。以皇慶二年五月甲寅卒于白馬寺。垂終之夕，以田四十餘／畝為寺恒產。又以鈔五千余緡付寺僧，使歲計其贏，於歲首閱大藏，／以福幽顯。茶毗，獲五色舍利。／詔乘驛送歸姑臧，又分遺骨閟于／此。銘曰：

學究方等兮，道貫圓融。殊途交騁兮，獨踽厥中。生不累有／兮，死不沉空。葉落歸根兮，體露金風。銘貞石兮，閟幽宮。惟德音兮，昭／無窮。

延祐元年三月日，門人惠瑄、洪瓊等建，周新刊。

故釋源宗主宗密圓融大師塔銘　　　　　　　　沙門法洪撰

公諱慧覺楊氏姑臧人也父仕西夏為顯官夏七易服為茲隱居求

奧聞先宗主贈司空護法大師圓一乘之源人曰此子吾門梁棟也探賾素隱

而曰密乘固修心之要非博通經論不足以究萬法之源弱冠祝髮為僧時西

之有針水之契護法曰護顏公以深得其道迤肥道品敲勵精禪想既

心之寄非勤而不以為勞惟才以赤如梨衣遠將辨輩衆若暴浴及從

矢護法之源以其克荷重寄付以吾徒雖奉幹之重竭股肱之力而

之左右寄手足今草昧之初耶公之興焉馬若臨秦鏡而觀肝膽無後餘蘊

滥觴之源而於法性圓融之旨一唤馬遽合吾故宗社之興公有夢馬此寺佛法

九六七載而於法性嘗顏公以語記付之重竭股肱之分朝

世號會求昌王遣使延公啓請于凉公之喪大振於故里劇壽光覺

祖皇帝詔海内德望校經于燕公以見宗密圓融大師之

　會求昌王遣使延公啓請于凉公之喪大振於故里劇壽光覺

海二寺護法發公不遠數千里赴之禮有不可尸之萬故

百授公以河南僧錄釋源晶沸朝負天下重望者不可之萬故

真覺大師于僧使歲計其嘉於歲首閣大藏

歸舉雄卲而競其事逾春而百廢具修佛事為大治

太后詔求但產又以鉥五千餘緡付于僧使國延覽公有家僅四十餘人至是

事逾良之以皇慶二年五月甲寅卒于白馬寺重絡之父以田四十餘

叡為寺且巍其事五色合利詔褒驛送歸姑藏又分道官關于

以悉良絲顯茶吡復五色合利詔褒驛送歸姑藏

以福絲顯茶吡復五色合利千餘緡付寺僧使歲計其嘉

分死日肇空藏落根今體露金風昭真石今閣幽宮中生

此肇日肇空藏落根今體露金風昭德音分昭新刊

無窮延祐元年三月　日門人惠瑄　洪瓊等建　周新刊

九十二、元龔法地券　延祐四年（1317）四月九日

額正書三行：先考／龔公／地券

先考龔公法竟清，生於宋甲寅十二月初六辰時，／卒扵延祐丁巳四月初六，享年六十有四。決卜是／月初九乙巳，安葬于居之後，其地坐庚酉向／□辛。有男三人：長伯新，娶官氏；次有祥，娶周氏；刼／有成，娶周氏。孫男一人，名東□。嫡孫孟、五公。／今附有祖隴之傍，左蟠青龍，右踞白虎，前□朱／雀，後應玄武。自葬之後，山神衛護，家道昌寧，子孫／繁衍。春秋祭祀，莫不忘汝。敢不昭告地灵拱固。／維延祐四年歲次丁巳四月初九，／孝眷百拜泣血告向。

九十三、元饒鑫墓誌　延祐五年（1318）

額正書五行：故先／考饒／公萊／賓墓／誌銘

先君諱鑫，字良南，生扵宋己未閏十一月十一日，不幸元丁巳正月／廿五，竟以一疾而終，嗚呼痛哉！惟先君早歷險阻，粗成完羙，耕棻／適意，自足平生。□抱琴書，英才樂教。待族姻至蔫，處闇里以和。賓客／相過，手談終日，未甞以為倦也。古屋崔巍，兄弟怡愉，四五十年如一日，／內外無間言。至乙夘秋，始斂曰：「予生有限，未分山林屋宇，盍□主之。」遂／斂工特新一屋，析而為二，乃得舊址。公曰：「不負吾志矣。」正期自得／以久遐齡，天胡不仁，遽奪之速。嗚呼痛哉！公娶西湾黃，吾母／不幸先二年卒。男三人：長娶黃，俱先吾母卒；廷理娶樂；廷瑱／娶王。女二：長適上池王志立；次適莊上黃継曾。孫男夢孫，孫女三，俱／幼。今得在屋之東，去家咫尺，坐丑向未，僉曰吉。延祐戊午，／奉柩而葬焉。孤不能丐銘于當世大手筆，姑記歲／月而納諸幽云。孝男廷理泣血拜書。

九十四、元張留孫壙記　泰定三年（1326）十二月十四日

道祖開府玄教大宗師張公壙記／

公諱留孫，字師漢，姓張氏，世居廣信貴溪之上礁里。曾祖宏綱，祖／粹夫，父九德公。矛從伯氏聞詩學道龍虎山中，師伯氏□□李公／宗老。至元十三年入覲，／世皇眷禮優崇，建宮兩都，並賜額「崇真」、「萬壽」。佩銀章，視二品秩應事。／列聖恩寵有加，錫賚非一。進階開府儀同三司，賜特進上卿，輔成贊化／保運玄教大宗師。加號志道宏教冲玄仁靖大真人，授領諸路道／教，知集賢院事。至治辛酉十二月壬子，公焚香丈室，召諸弟子與／語。語訖，端坐而化。明年，奉冠劍歸江南。又五年，為泰之丙寅，／天子敕有司治禮。以是年十二月甲申，藏于南山，山距龍虎二十里。翰／林承旨趙公孟頫奉勅撰神道碑，翰林待制虞公集誌／公墓文。公之祖師以公貴，追封真人者□。公之弟子膺□真人者／如之，諸弟子凡七十有二人。公春秋七十有四。立朝四十七／年。其蘊中發外，贊化闡玄者，則見之趙公、虞公之文。其道行之粹，／德業之華，則著之今朝之史，尚何贅扵形容者□。故摭其□，／納諸壙云。孝師孫余以誠芋再拜謹書。／

特賜翊元崇德正一教主、嗣漢三十九代天師、大玄輔德體／仁應道大真人、主領三山符籙、掌江南道教、知□□□□□／事張嗣成填諱。

道祖闡府玄教大宗師張公墓誌銘

公諱嗣琛字漢姓張氏世居廣信倧之上饒里　祖

夫父九德公多從伯氏聞壽學道龍禰山中師陶祖

宗考至元十三年入覲

母皇眷禮優崇建堂兩都並賜尊真萬壽佩銀章視二

　聖恩寵宥加錫春非一進階胡府儀同三司賜特進上

保運玄教大宗師加蕹志道知教仲玄仁靖大真人　

教知集賢院事至治革百十二月壬子公徙香文宝名

銘上詫端坐而化明年奉冠歸江南入五羊為恭之同穴

　天子物有司治禮公　是年十二月甲申藏于蘭山　

林承有　白趙公孟頫奉　勅誌神道碑林侍郎龍虎

公墓文公之祖　公貴追封真公名　　　　鉅

如之諸弟子凡七十有二人公春秋七十有四公之弟子　

年其蘊中叢外贊化闡玄者則見之　趙公賞公　

德業之舉則著之　今朝之史尚何贅於形容者

　　　納諸燼云峯師孫余八誠等再拜　書

特賜翖元崇德正一教主嗣漢三十九代天師廣

仁應道大真人主領三山符籙掌江南道教知鑕

　　事張嗣成填諱

九十五、元趙文彪壙誌　　至順元年（1330）十一月三十日

額篆書四行：祖考／處士／趙公／壙志

　　祖考諱文彪，字仲虎，趙姓，占籍臨安夏村里。曾祖伯賢，妣凌氏；／祖思義，妣凌氏；父大勳，妣高氏。祖考讀書善強記，弱冠有聲鄉／閭，恒以勳業自期。將老，歸隱家山，歎曰：「時不我與，何以文為？」猶／記誦不休。其譔述每以簡率為戒，及示人，無不嘆服。惜其罕作，／故鮮其傳焉。稟性明銳，事至物來，壹應以理。或有疑而問者，則／曰：「吾寧直道以順處，不能曲意以說隨。」鄉鄰稱之曰善人。若其／治家以禮法，交友以信義，勤儉剝厲，賑飢濟貧，蓋其天性然也。／嘗手植数松于居室之側，扁松軒曰見志，其恬澹如此。今年春／年七十有一，居處如常。未幾，竟以氣疾弗起。將歿，呼子英寺囑／曰：「汝父若妹俱天，汝弟尚幻，宜勉思樹立，以成吾志。天其或者／不嗇扵勤乎，吾逝矣。」遂暝。生宋景定庚申五月十八日，卒今至／順庚午二月二日。娶浮里凌氏，重世姻也。子二人：長如愚，娶盛，／生子英、子俊。先卒；次如晦，亦卒，娶孟，遺命以子英嗣。子英娶鍾，／子俊娶盛。曾孫二人：震孫、謙孫。女一人，正奴。以是年十一月丙／午，塟于北龍之原。痛惟祖考力學勤儉起家，子英幼失所怙，惟／祖考是訓是鞠，其耿耿不泯者，湏銘以記之。日薄，未暇求立言／君子，姑以歲月梗槩內諸幽，嗚呼哀哉！孝孫子英寺泣血謹誌。／

　　契生賜同進士出身、將仕郎、湖州録事吳巽填諱。／

　　承務郎、平江路吳縣尹陳恕可篆題。

九十六、元黃氏地券　至順二年（1331）正月二十日

額正書：地券

維／大元至順二年辛未正月丁丑朔越二十日丙申良利，孤哀／子胡元清、元英，女丙娘、巧娘、酉娘、癸娘，／新媍范氏、鄧氏，孫環孫、梅孫、煥孫、岳孫、／瑞孫、瑤孫，女孫瓊娘，孫媍何氏、范氏，／延孫玲孫，謹昭告于／茲山之神曰：亡母黃氏太君元命前乙丑年三月二十六日／寅時受生，不幸於至順元年庚午十二月初三日終壽。今奉／靈柩，來葬于古塘高祖姚墳塋之左。訊之陰陽，年吉時利。龙／自東來，水流北至。坐乙向辛，山廻水聚，乃吾母之佳城也。白虎青龙，左右環峙。朱雀玄武，前後擁衛。魑魅魍魎，悉令退避。／庶俾亡灵，永安斯地。万歲千秋，福垂後裔。春秋祭祀，爾神亦／與饗之。謹白。

九十七、元斡勒愷墓誌 至順二年（1331）三月十日

考諱愷，字子舉，姓斡勒氏，遼東女真部人。八世祖諱孛兀歹，／金太祖武元皇帝時使遼，赴難死，自是世為金藎臣。高祖諱木花／魯，金教習武藝萬戶，妣烏古倫氏。曾祖諱山，中統間提舉衛／輝路司竹監，妣焦氏、李氏。祖諱好古，以儒習吏，繇河南轉運／司掾積官至中大夫，歷守虔、杭、福、婺、建德五大郡。娶劉氏、陳／氏、鄧氏，子男十人，長即考。生至元十六年五月二十八日，幼聰敏善讀書，先大父撫愛尤篤，延師授諸經，日記數百言。長／而氣識宏達，父奇之。延祐間，俾遊京師，繇近侍薦，見／稱旨，錫名不花，命直宿衛，數扈從上京。五年，奉特恩，授／奉訓大夫、延福提舉司同提舉。未幾，陞延福少監。乞補外，授／奉議大夫、同知池州路府事。以大父病，告侍親，去職。天曆初／元，上方召用潛邸舊臣，先人以金陵嘗冒見獲與焉，授／朝散大夫、同僉將作院事。甫一年，使江淛還，跋涉畏途，染暑／疾，數月啗藥不救，竟以至順元年十二月一日卒于京師／寓舍之正寢，享年五十有三。娶郭氏、王氏。子男一人海壽，王／出也，見直宿衛。女一人，秀秀在室。烏乎！先人忠孝，見出處捻／履，尚澹泊。卒之日，公卿暨所知咸惜之。噫！海壽不孝，忍死卜／以至順二年三月乙酉，歸葬于洛陽邙山之原，從先塋也。窆／之日薄，未遑丐銘當代，姑摭梗槩，納諸壙。不肖孤海壽泣血／謹識。

中奉大夫、侍御史王懋德填諱。

九十八、元吳淑珍墓誌　至順三年（1332）十二月二十五日

額篆書四行：故吳／氏壹／六孺／人墓

　　孺人吳氏，諱淑珍，撫州臨川人。至大己酉歸于我，迨今二十有三／載矣。生平禀性寬厚，治家豐約，奉公姑以孝，臧獲以恩。事無大小，／皆位置有規矩。不幸中道而喪，奈何！而向平家事，無一不劬厥躬，／而後知余失助之為深哀也。撫諸孤未及壯冨，育以辛勤，皆未畢／娶。其死也，实不滿此。嗚呼悲夫！孺人生扵至元三十一年甲午四／月十六日辰，正歆享遐齡之樂，倏沾末疾，竟不可療。一旦幽明之／訣，束手而矣。而今而後，誰與奉吾親，撫吾諸孤者矣。痛哉！終扵至／順壬申正月初六寅，享年三十有八。有男四人：長陳鐺，娶讓里立；／次男國孫，定西村艾；尹孫、熙孫，尚幼。女二：長瓊姑，配南塘饒；次瑛／姑，配宏路何。孫女一，珍姑。以是年十二月，葬于同里刘家庄，其地／坐癸向丁，山水俱勝，僉曰吉哉。迺勒埋辞，永奠幽里。旣固且安，尚／相夫子。至順三年壬申十二月廿五日庚申，哀夫陳顯昭扙淚書。

九十九、元王淑昭壙記　至順四年（1333）十一月十九日

額正書：故王氏孺人壙記

孺人姓王氏，諱淑昭，樂平傳賢里人。及笄後，來配扵予。其處幃也平淡，事尊恭而謹，／待人謙叺和，每念人之急，無妬忌之心，故內外無間言。相予理家幾四十年，早以多／男累，而乳哺養育，完制密縫，一無啼號之苦。生不爭容飾，手不釋絲麻。值家難／相仍，戶門多故，站役費夥。孺人相與排解，以分予憂。兩歲來，子平之債甫了，庶幾／弛檐少佚餘年。而予久患癃，孺人極力調護，寢食為之不寧。至今年暮春，／舉家染病，獨孺人因此而眾疾交攻，自夏徂秋，醫禱備至，竟不可起。常／自謂術者素以多壽許己，今年方六十，遽棄予而去。天耶！命耶！孺人生癸酉十一月／十二日，歿癸酉十月初二日。子男四人：長烔，娶劉氏；次谷，娶王氏；次燖，娶徐氏；幼燝，娶／王氏。孫男三人：於堯、公壽、婆壽。孫女二人：曉弟、艮弟。俱幼。諸兒卜兆，以十一月十九日己酉，／奉柩窆扵慈義里之□石山先妣李氏孺人墓下之右偏。嗚呼！體魄復歸于土，千載永安，／以福後嗣。

至順四年歲次癸酉十一月日，夫張約泣血謹書。

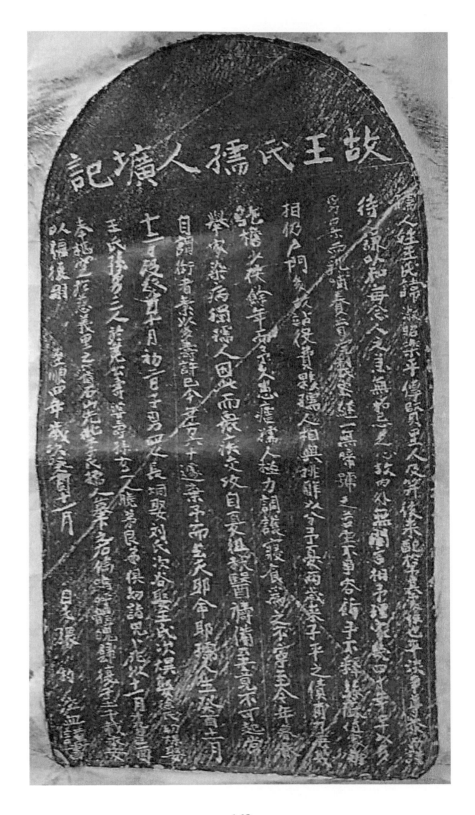

一〇〇、元李德成墓誌　元統三年（1335）三月十五日

故誠齋李公居士墓誌 /

夫死生亦大矣，人能臨終不以生死累其心者亦甚難。如李公德成， / 中年入遠公社，天性純謹，不輕毀謇，雅好靜逸，隱居山林，視名利如 / 浮雲。待親朋以礼，接郷里以和，虜事治家井井有條。素欲結菴為佚 / 老計，竟莫遂其志。元統甲戌冬十二月，忽淂疾，弟鑑奉湯藥甚至。癸 / 酉日，病革，乃正衣冠儼如平時，礼佛謁家廟，還中庭，趺坐而逝。嗚呼！ / 如公亦可謂善人也，亦可謂不以生死累其心矣。公世居撫崇仁穎 / 秀之彭源，曾祖內觀，祖虜恬，父存心，俱有德望。公兄弟三人，長德健， / 先逝。次公，字德成，齋名覺成，生扵至元庚辰秋丙子日。娶周，先逝。男 / 鐵牛，正在襁褓。女囬娘、觀娘，尚幼。弟鑑為之撫孤奉襄，淂地扵里之茂 / 源，坐壬向丙。明年春三月丁酉，奉柩葬焉。其弟德華泣告予曰：「惟 / 扵予兄弟姻且契，願為述梗槩，以納諸幽。」予不得辤，乃次其譜系、 / 生卒歲月。

里人張椿述。

一〇一、**元丁妙圓壙誌**　後至元三年（1337）四月十二日

額篆書四行：華亭／縣君／丁氏／壙志

先妣諱妙圓，姓丁氏，世居嘉興縣新城鎮。／父諱仁，母周氏，先妣生二十有一年歸于／我先君。先君諱堅，姓林氏，延祐四年任壽／福院判官。推恩封華亭縣君，佐先君／以勤儉起家，撫視諸子，一如已出。天曆元／年十有一月庚申，以疾卒，淂年五十有七。／嗚呼痛哉！至元三年四月壬午，從先君祔／葬于縣之柿林鄉曰新原祖塋之左。子男／四：長鎰；次鏽，紹興路捴官府提控案牘兼／照磨承發架閣；次鉉，羣牧監奏差；次仁勝／金奴。女五人：長適嘉議大夫、中書禮部侍／郎賈護理台，封漁陽郡夫人；次適通議大／夫，集慶路捴管兼管內勸農事李完澤都，／封瀋陽郡夫人；次適永珙餘来行。孫男七／人、女三人，皆务。以未能乞銘于立言之士，／姑叙歲月，納諸壙。孤子鎰夆泣血謹誌。／

中奉大夫、前江南湉西道肅政廉訪使徐保填諱。

一〇二、元阮三聘壙誌　後至元三年（1337）十月七日

額正書四行：先考／阮公／尹軒／壙誌

先考阮公元五評事名三聘，字季尹。高祖通甫，曾祖虞／卿，祖德先，父林遠，世屈淦西曲管。公生扵咸淳乙丑年／七月初五日亥時，不幸於元統三年乙亥歲五月初三／日巳時終于正寢，享春秋七十有一。公讀書通大義，賦／性淳厚。睦宗族，重姻黨，家道裕然。晚歲好道，鄉里稱其／善士。公娶璜山謝氏，生男三人：長男士俊，娶白馬蕭氏；／次士衡，娶前櫟敖氏；士杲，娶古爽胡氏，先公四年卒，胡／後卒。男孫七人：琦娶充洲蕭；珪娶清沂吳；璋、琮俱娶白／馬蕭；琛、瑜、璬三人尚幼。女孫二人：一娘，適侯府皮元亨；／二娘，適龍岡周。曾孫男三人，曾孫女四人，俱幼。不肖謹／以後至元三年丁丑歲十月初七癸酉日，扶柩安厝于／鉄炉坑之原，坐戌向祖左，山環水聚，永安靈焉。孤／不肖不能求當世大手筆以㴱揮潛德，姑誌于石，納諸／壙云。孤子士俊、士衡泣血拜書。

阮三聘為《散見宋金元墓誌地券輯錄二編》九十七《元阮泰来壙記》所見阮泰来之子。

一〇三、元傅氏壙記　至正三年（1343）二月十三日

額正書四行：先妣／傅氏／孺人／壙記

先妣姓傅，延壽土富人也。生平立性溫柔，持家勤儉，待鄰／族姻親用和睦，內外無間言。相吾父內助良多，家道用裕，／兒孫蕃衍。惟期齊眉偕老，福享安閑。詎意一疾弗瘳，自盡／天年，竟弃諸孤而逝。嗚呼痛哉！享世壽六十有三。生大元／前辛巳五月十七辰時，卒後癸未二月初九日。生男三：長／聖華，娶吳；聖倩，娶傅，先吾母一年而卒；聖傳，娶桂。女二：長／適李必先；次適歐德榮。孫男一，舜生。孫女三：玉姑、漢女、／細姑。今將以是月十三己酉日，奉柩葬于里之朱家塘／邊祖壠之右傍。其地坐巳向亥，山水迴報，似為吉所。先／妣必妥靈於九泉，澤及後昆，宜也。不能求銘於今時／大筆，姑述大槩，納諸壙以記歲月云耳。／

至正三年二月己酉日，哀子黎聖華、聖傳泣血拜書。

先妣
傅氏
孺人
壙記

先妣姓傅延壽土富人也生于立性溫柔持家勤儉衙鄰

族姐親用和睦內外無間言相吾父又內助良多家道用裕

兒孫蕃衍惟期齊眉偕老福事安閑詎意一疾弗瘳自忍

天年竟弃諸孤而逝嗚呼痛哉享世壽六十有三生大元

前辛巳五月十七辰時卒後癸未二月初九日生男三長

聖華娶呂聖清娶傅先吾母一年而卒聖傅聖桂安三長

適李必先次適歐德榮孫男一彜生孫女三玉姑漢女

細姑今將以是月十二巳酉日奉柩葬丁里之朱家塘

邊祖壠之右俾其地坐巳向亥山水廻抱似為吉所先

姑妥妥靈於九泉澤及後昆宜也不能求銘於今時

大筆姑述大槩納諸壙以記歲月云耳

至正三年二月巳酉日哀子黎聖華聖傅泣血拜書

一〇四、元曾籍妻□氏殘墓誌　至正五年（1345）十一月

　　……父宋迪功郎、德化縣主簿。大父萬里，宋領鄉貢進／……大二年己酉，歸于我。逮事祖妣運管安人陳氏及／……肅。父母兄弟，孝友咸克。閨門之內，不聞疾聲大呼。服／……繡之制無有也。飲饌不求詳備，所食且少。珎美之具／……罕有，故扵藥物亦踈。至正五年乙酉春，痰氣為梗，起／……竟以是不起。病亟，猶不癈紉績之務。歸我凡三十有七／……有拂膺，或未能決，必旁致規儆相成之道。居多方以教／……君也，庶就安佚以終餘生，而君竟不逮。嗚呼哀哉！至元／……之日也。至正乙酉七月廿九日，卒之日也。是年十一月十／……城縣太平鄉七都瑤塘先塋之側，卜厝之所也。子一，崌，娶／……正平。長適程世臣，次適徐恂，次適劉尚忠。孫一，来寧。蓳有／……槩，納于壙中。若夫顯懿德而揆幽光，求名筆以表諸墓／……之所能計也。夫曾籍誌。

父宇迪功郎德化縣主簿太父萬里宗領鄉貢進
大二年己酉歸于我遘事祖妣運管安人陳氏及
共婦職無不盡禮其慶家也劬儉則其睦族也
俗父母兄弟孝友咸克閨門之内不聞疾聲大呼胝
嫌之製無有也飲饌不來詳備所饌且少弥義之具
有故扜藥亞猶不瘻紐績之務歸春凡三十有七
究以行 是不起病決必窊致規徽相成之道居多方以教
城縣 君也至正乙酉七月廿九日卒之日也是年十一月二
日也君也庶就安佽以終餘生
縣太平長適程世臣次適劉尚忠孫一來窆塋有
平長適程世臣次適徐恂德而葬幽光求名筆以表諸墓
之所能計也失當籍誌

一〇五、元喬聚范氏墓磚　至正十七年（1357）五月十日

　　峕大元至正十七年歲次丁/酉五月乙亥朔初十日甲申，遼/州榆社縣□□村居住祭主/喬禎伏緣/顯考喬聚、妣范氏雙親奄逝。東北/二里卜兆□□□□，丁酉年通時良/日合宅兆。卜迁山陵，乃定昭穆位，/分尊卑禮正。万載千秋，子孫/吉慶。/

　　今年月日書。

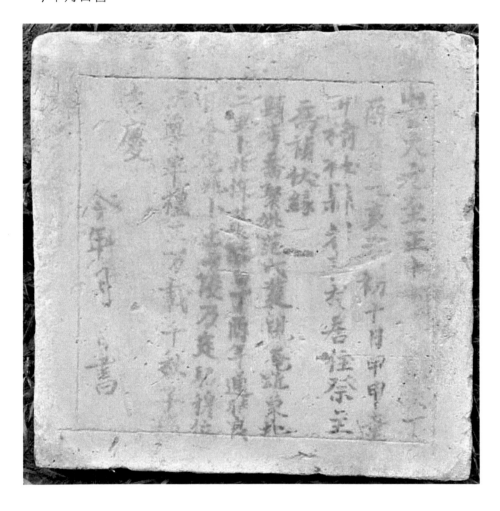

一〇六、元易必敬壙誌　至正十七年（1357）十二月四日

額正書：……誌

先考諱必敬，字敬叔，世居金川水西崍山／□。生至元甲申十二月二十八夜子時，／年十八而取吾母，是于華山鄧，享年七十／有三歲。不幸於至正十七年丁酉三月初／二夜，因世乱，被紅巾戮死，考妣同終，旋□／封棺浅安于厥。涓以今十二月初四日癸／酉巳時，迁葬于白石烟坑之原，作丁未向，／□為吉兆。子男二：景仁，取于坑董，因領兵山／中□上，被戮乃死；景元，即不肖，贅于比近□／□室，取于官州劉。女二娘，納于同里□□／□□二娘，適于陳坑陳。孫男以恭、趙虎。孫女／□□、□娘。外甥男二：元孫，取長坑李；元琛，取華山／趙。曾外孫□□、□□，俱幼。嗚呼！吾無才，而不能／頌先人之德，不能誌。姑紀歲月，納諸壙云。／

至正十七年十二月日，孤哀子易景元謹誌。

一〇七、元潘政墓誌

額正書二行：鄆人潘 / 政墓銘

鄆人潘政墓銘 /

古人謂「失之東隅，收之桑榆」。近扵鄆西里人潘政見之矣。政居盤 / 溝，籍為編民。歲時伏臘優游鄉社，未嘗以名利累其心，貧賤移其 / 志。養拙計扵鳩巢，等浮生如蟻夢。杖屨追隨，進退自若。仰不愧天， / 俯不怍人，故壽享七十有七而終于家。配儲氏，生子方入小學，奄 / 忽竟去。天耶命耶！抑潘政之命耶！女適鄉人門義，户之租税，一嫥 / 扵義。生外孫女二人：長聘閆氏；次適鄆城司吏張禧。門外孫來住， / 娶劉氏。外孫女春花，尚幼。瞑目後，以佳壻門義之故，眾猶氷清玉 / 潤稱之，可尚矣哉！不幸，義亦早丗，義妻守節，綽有女士之風。貞烈 / 勵志，賢達服人。察天地之理為理，明父母之心為心。卜兆安措，拜 / 掃墓庭。冤而知之，淂慰黃壤。雖長夜之九泉，收晚景扵千載。一日， / 女潘氏執狀泣涕，丐予為銘，用傳不朽。因感而為之銘，銘曰： /

政則氷清，義則玉潤。孤女承家，一門礼順。 / 造物悠悠，其言也訒。自天命之，理全安分。 / 自人命之，人執不信。万古千秋，清風滿殯。 /

至⋯⋯月日，女潘氏立石。

一〇八、元張氏殘壙誌

額篆書四行：故聶 / 孺人 / 張氏 / 壙誌

嗣漢三十六代天師演…… / 仁壽。咸淳壬申三月廿…… / 凢女工罔不精解。年…… / 適故衛國之齋聶公…… / 其子來逆婦歸于旿…… / 僉以大其家已。尔…… / 五旬，以歿。十一月…… / 百里，欲反葬不…… / 近以大德庚子…… / 郎年六歲…… / 之流……

一〇九、元浄公塔銘

慈照清慧大 / 師浄公之塔

參考文獻

1. 郭茂育、劉繼保編著：《宋代墓誌輯釋》，中州古籍出版社，2016 年。

2. 紹興市檔案局（館）、會稽金石博物館編：《宋代墓誌》，西泠印社出版社，2018 年。

3. 何新所編著：《新出宋代墓誌碑刻輯錄》（北宋卷），文物出版社，2019 年。

4. 何新所編著：《新出宋代墓誌碑刻輯錄》（南宋卷），文物出版社，2020 年。

5. 周峰編：《貞珉千秋——散佚遼宋金元墓誌輯錄》，甘肅教育出版社，2020 年。

6. 周峰編：《散見宋金元墓誌地券輯錄》，花木蘭文化事業有限公司，2021 年。

7. 周峰編：《散見宋金元墓誌地券輯錄二編》，花木蘭文化事業有限公司，2021 年。

8. 周峰編：《散見宋金元墓誌地券輯錄三編》，花木蘭文化事業有限公司，2022 年。